今、日本の介護を考える

介護福祉士の養成と社会保障財源の視点から

阿部　敦

ＧＴＰ　東京学芸大学出版会

目　次

第3章　介護福祉士を目指す外国人留学生の現状と外国人介護福祉従事者への評価
　　──労働環境の変容を視野に入れて──

第6章　わが国の社会保障財源に関するマクロ的観点からの再考
──社会保障領域における必要予算の確保は可能なのか──

序　論

　わが国の介護福祉をとりまく現状は、従来同様、深刻な人材確保難に直面している[1]。必要となる介護福祉従事者は、2025年度には約243万人、2040年度には約280万人と算出されている（厚生労働省2021a）。しかし、直近3年間の増員数は年平均3.7万人にとどまっており、このままのペースでいくと、2025年度時点で、およそ10万人の従事者不足が生じることになる（メディカルサポネット2021）。そこで、厚生労働省社会・援護局福祉基盤課福祉人材確保対策室は「第8期介護保険事業計画に基づく介護職員の必要数について」（2021.7.9）を公表し、人員不足に対しては、「①介護職員の処遇改善、②多様な人材の確保・育成、③離職防止・定着促進・生産性向上、④介護職の魅力向上、⑤外国人材[2]の受入環境整備」などを組み合わせた総合的施策で取り組む、としている（厚生労働省2021a）。しかも、こうした深刻な人材不足に、コロナ禍という感染症の流行による危機的状況の常態化が加わった。こうした状況を踏まえ、筆者は「介護福祉士養成教育および介護福祉をとりまく現状[3]」の実態を把握することに、積極的な価値を見出すようになった。

　そこで筆者は、介護福祉士養成施設に勤務する教員を対象に、「介護福祉士養成教育および介護福祉をとりまく現状」に関する調査を、2回に分けて実施した。まず1回目の調査では、半構造化インタビュー調査を行った（2021年2月）。そして2回目では、1回目の調査時における未調査項目を含めた書面アンケート調査を行った（2021年3月）。なお、それぞれの分析結果は公表済である（阿部2021a）（阿部2021d：34-77）（阿部・馬場2021b、2021c）。

　当該調査を通じて、様々な事実が見出された。その中で個人的に意外だったことは、少なくない介護福祉士養成教員が、外国人留学生の急増やコロナ禍に伴う「学外実習」から「学内実習」への移行などの短期間

における急激な変化（文部科学省・厚生労働省2020）への対応に戸惑いつつも、それらの事項と同じくらい、日本人学生に関する厳しい現状について言葉をさいていたことである。その結果、筆者としては、介護福祉士養成教員が日本人学生に対してどのような認識を有しているのかを、より深く把握することに強い意義を認めるようになった。

　なお、こうした問題意識は、日本人学生と対になる形で取り上げられることが多い外国人留学生の実態についても、より深く理解することにつながる面がある。こうした事由により、前述した問題意識を踏まえ、筆者は、（ⅰ）介護福祉士養成教員が抱く日本人学生に対する認識、（ⅱ）介護福祉士養成施設で学ぶ外国人留学生およびEPA制度を介した外国人介護福祉士候補者に関する（これまでの拙稿では触れてこなかった面に重きを置いた）実態把握を試みることとした。

　その後、前記2項目について調査を進める過程で、国籍を問わない共通課題を見出すこととなった。それは、四半世紀以上にわたり、一度の改定も行われていないわが国の介護福祉士の倫理綱領、倫理基準（行動規範）は、時代の変化に対応する観点からバージョンアップすべきではないのか、という問いである。そこで、（ⅲ）介護福祉士の倫理綱領、倫理基準（行動規範）も、分析の射程に組み込むこととした。

　さらにここまでの検証を通じて、そもそもわが国においては、（介護福祉分野の人材確保費用を含む）社会保障領域における必要予算の確保は可能なのか、という問いの重要性が増すこととなった。そこで、ⅳとして「社会保障財源」に関する考察も加えることとした。

　したがって、本書の目的は、（ⅰ）介護福祉士養成教員が抱く日本人学生に対する認識把握、（ⅱ）介護福祉士養成施設で学ぶ外国人留学生、およびEPA介護福祉士候補者に関する実態把握、（ⅲ）介護福祉士の倫理綱領、倫理基準（行動規範）を改定する必要性の有無、（ⅳ）社会保障財源に関する主要言説とその含意、の4項目となる。なお、具体的な章構成は、次のとおりである。

　第1章では、介護福祉士養成教員が抱く日本人学生に対する認識について、インタビュー調査から考察を行った。その際、収集したデータ

の分析に関しては、分析結果における客観性と再現性を担保する観点から、テキストマイニングの手法を採用した。

　第2章では、第1章で把握された知見を、日本人学生が直面している「学習上の困難」という観点から捉えなおし、その実態をインタビュー調査により検証した。その際、収集したデータの分析手法に関しては、階層的クラスター分析と共起ネットワーク（外部変数あり）を用いた。

　第3章では、介護福祉士を目指す介護福祉士養成施設の外国人留学生を中心に、EPA介護福祉士候補者としての外国人および外国人介護福祉従事者も視野に入れ、彼ら彼女らの現状について概説した。その際、コロナ禍の前後では状況が大きく異なることから、できる限りにおいて、主に2020年以降の論考をメインに論旨を展開した。

　第4章では、「介護福祉士の倫理綱領、倫理基準（行動規範）」の基礎的特徴を踏まえた上で、「ソーシャルワーカーの倫理綱領、行動規範」との比較検証を行うこととした。これにより、介護福祉士を単にケアワーカーとしてではなく、ソーシャルワークの一翼を担う存在だとも認識するのであれば、介護福祉士の倫理綱領と倫理基準（行動規範）のバージョンアップが必要になるのではないか、という見解の妥当性を検証した。

　第5章では、ここまでに述べた介護福祉分野を含む社会保障領域の財源について、見解の異なる識者らによる現状認識と改善策を叙述した。すなわち、第1章～第4章が「介護福祉領域」というメゾレベルの分析であるのに対して、第5章は財源論をベースにした「社会保障領域」というマクロレベルの分析になる。当然ながら、複数のメゾレベルにおける分析結果に、マクロレベルにおける分析結果を一体化させることで、より多角的かつ重層的な観点からの現状把握が可能となり、さらに効率的な改善策の提示が期待されることになる。

　最終章となる第6章では、第5章において導かれたマクロ的知見の妥当性を、異なるマクロ的尺度を用いて再検証することとした。それは、わが国の社会保障をとりまく現状改善策として何が望ましいのか、という問いの解につながる検証でもある。

　なお、各章および本書全体を通じて論証される事項の詳細は本文に譲

るが、全体を通じて特に重要だと考えられた知見は、次の９点である。それらは順に、①介護福祉士を目指す（少なくない）日本人学生に関しては、経済的苦境を背景とする学習能力や生活力に関する課題が看過できない水準になっている可能性がある、②介護福祉士養成施設経由で介護福祉士を目指す外国人留学生に関しては、およそその３割程度は、相応の語学力を備えた介護福祉従事者になる可能性がある、③しかし、必要とされる介護福祉従事者総数からみれば、外国人留学生やEPA介護福祉士候補者に過度に期待する人材確保策には限界がある。その結果、当然ながら、日本人が人材確保策の基軸に据えられるべきことが確認される、④介護福祉士の「倫理綱領」と「倫理基準（行動規範）」は、ソーシャルワーカーとしての認識を有する場合はもちろんのこと、仮にそうした認識を支持しない場合でも、措置制度から契約制度への大転換に象徴されるような就労環境等の変化を踏まえ、時代に即したバージョンアップが必要である、⑤わが国の社会保障の現状を「純合計社会支出（もしくは、純社会支出合計）」の観点から捉えた場合、全体としてのコストパフォーマンスの悪さは明白である、⑥日本の「１人あたり国民所得」と同程度の国を対象にした「１人あたり社会支出」の国際比較においても、わが国の社会保障の限定性は明らかである、⑦国際比較分析の結果、幸いにしてわが国には、社会保障領域における公的政策の再構築を目指すだけの余力はあると評することは妥当である、⑧社会保障制度の再構築を目指す際、「応能負担の原則」、「必要即応、必要充足の原則」をベースにした施策を目指すべきであり、それは理論上、可能である、⑨以上の事実を包括的に捉えた場合、「所得再分配機能の大幅な是正」と「総私的社会支出の削減に寄与する税制改革」について、公的責任による施策の早急な実施が必須になる。その上で、最終的には「課税対象および課税率の拡大」について、広く国民的議論が行われることが重要になる、である。

　以上の問題意識、論旨の展開構成、主たる結論を基盤にして、本論を展開する。

[注]

(1) ただし、必要となる介護福祉従事者総数に関しては、どの時点の、どういった条件を用いて導き出された推計値かによって、結果には大きな差異が生じる。

たとえば、厚生労働省によると、2025年に必要とされる介護福祉従事者に関して、その供給見込みは215.2万人、需要見込みは253.0万人となり、すなわち、37.7万人の人手不足になると想定している（厚生労働省2015b）。これに対して、介護労働力に関する研究実績を有する松田尚子は「2025年に必要とされる介護人材の需要見込み」は「推計では203.7万人」と算出している（松田2022：64）。すなわち、両者の推計値（需要見込み）には、約50万人もの差が生じている。その結果、松田は自身の推計値（需要見込み）と、厚生省の推計値（供給見込み）を一体的に捉えた場合、「2025年の時点で介護労働者の供給が需要を上回る計算となる」としている（松田2022：69）。

ちなみに、厚生労働省の推計値が算出される際には、「2009年～2011年の65歳以上の介護サービス受給者数」が使用されているが、松田の推計値の根拠になるのは、「2014年～2018年の65歳～74歳及び75歳以上の要介護認定率」から算出された「要介護認定者数全体」である（松田2022：64-65）。調査時期や年齢区分の差異も重要になるが、いずれにしても、必要となる介護福祉従事者総数に関しては、見解にかなりの幅が認められる。

こうした先行研究の対比からも理解できるように、必要となる介護マンパワーの規模に関しては、更なる精査が必要である。ただし松田の分析を以てしても、生産年齢人口に占める介護福祉従事者の割合は、2030年以降においても、一貫して増加するとのことである（松田2022：58）。それ故、どういった条件を前提に推計値を算出するか否かにかかわらず、当面、介護福祉士を含む介護福祉従事者の養成は、重要な社会的課題になるといえよう。

(2) 本書においては、「外国人留学生」と「外国人」を意識して使い分けている部分がある。論旨の展開上、簡略表記する場合もあるが、具体的には、介護福祉士養成施設で学ぶ外国人のことは「外国人留学生」、EPA制度を介して来日した者は「EPA介護福祉士候補者」、そしていずれにも共通する事案の場合は、一部の例外を除いて「外国人」と表記している。この点に関して、予め申し添えておく。

(3) 介護福祉士養成施設の定義に関しては、公益社団法人　日本介護福祉士養成施設協会のHPに掲載されている次の文章が参考になる（日本介護福祉士養成施設協会2022a）。

　　　社会福祉士及び介護福祉士法（昭和62年法律第30号）に定める介護福祉士養成施設（一般に、介護福祉士を養成する専門学校、短期大学、大学）の全国団体です。

このように、介護福祉士候補者を養成する「専門学校、短期大学、4年制大学」のことを、一般的には介護福祉士養成施設と呼称している。それ故、介護福祉士養成教員という場合、それは前記教育機関のいずれかに勤務する教員を示唆

することになる。視点を変えれば、学生としては専門学校生、短期大学生、4 大生が該当する、ということである。

ただし、第 2 章で取り上げる福祉系高校においても、介護福祉士受験資格が付与されているため、注意が必要になる。とはいえ、一般的に介護福祉士養成施設という場合、この福祉系高校は含まれていないのが実状である。実際、前記の日本介護福祉士養成施設協会に会員登録している高校は、2022 年 8 月現在、1 校しか認められない（日本介護福祉士養成施設協会 2022b）。

第 1 章

わが国の介護福祉士養成教員が抱く「日本人学生」に対する現状認識

本章の目的

　序論でも叙述したとおり、過去数年間、筆者はわが国の介護福祉士養成教育および介護福祉をとりまく現状に強い関心を抱いてきた。その理由は、介護福祉従事者の人材不足に加えて、コロナ禍以降では、(1) 介護福祉士養成施設で学ぶ外国人留学生の激増（日本介護福祉士養成施設協会 2020a）と、今後の急減の可能性（阿部 2021a）、(2) 外国人留学生の急増に対応する目的で、2019 年度以降の主要な介護福祉士養成テキストには、小学校レベルの基礎的な漢字にもルビが振られるようになっていること（阿部・馬場 2021a）、(3) これに伴い、日本語運用能力の乏しい外国人留学生にも理解しやすい学習内容へと変更した側面が指摘できること（阿部・馬場 2021b）、(4) 社会福祉法等一部改正法が成立（2020 年 6 月 5 日）し、介護福祉士養成施設卒業者への国家試験義務付けの経過措置の延長など、複数の特殊事項を指摘できること、などである。こうした変化を前に、筆者は、「介護福祉士養成教育および介護福祉をとりまく現状」の実態把握について、積極的な価値を見出すようになった。

　そこで筆者は、介護福祉士養成教員を対象に、「介護福祉士養成教育および介護福祉をとりまく現状」に関する調査を、2 回に分けて実施した。1 回目では、介護福祉士養成教員（6 人）を対象にした半構造化インタビュー調査（2021 年 2 月）を行い、2 回目では、介護福祉士養成教員（11 人）に対して、1 回目の調査時における未調査項目を含めた

書面アンケート調査（2021年3月）を行った。なお、調査協力者は機縁法により確保した。また、いずれの調査においても、調査協力者の平均教育歴は15年以上であった。

　筆者としては、介護福祉士養成教員が抱く「養成教育および介護福祉をとりまく現状」に関する見解は、次の3項目が中心になるであろうと想定していた。それらは順に、（ⅰ）留学生の急増に伴う教育面への影響、（ⅱ）コロナ禍によるオンライン教育への移行に伴う課題、（ⅲ）同じくコロナ禍による「学外実習」から「学内実習」への移行に伴う困難、である。換言すれば、「コロナ」と「留学生」がキーワードになる、と想定していた。

　調査の結果、前記の各点に関する現状や課題等は確認された（阿部・馬場2021b、2021c）。しかし、筆者としては想定していなかった言葉、すなわち「日本人」もしくは「日本人学生」という言葉が、調査協力者によって多用された事実に直面した。もちろん、頻出語であっても、それが重要語になるとは限らない。実質的には限定的な影響力しか持たない用いられ方も想定できるからである。

　そこで本章では、①筆者の問題意識に関連する先行研究を踏まえた上で、②インタビュー調査結果に関する拙稿の要旨、③「日本人（学生）」という言葉の重要度や用いられ方を、KH Coderによる多次元尺度構成法、共起ネットワーク、コロケーション統計などの各種機能から確認することとした。その上で、分析結果の含意を端的に記すことにする。

1．先行研究

　はじめに、本章の問題意識に直結する先行研究を概説する。
　コロナ禍における「介護福祉士養成教員が抱く現状認識」に関する先

行研究は、「学外実習から学内実習への移行」および「そこに付随する困難」などに関する事例研究が多くを占めている。この点は、【表 1-1】にある CiNii Articles（現 CiNii Rsearch）を用いたタイトル検索から確認できる。また、類似の論考は、同じく学外実習を（本来であれば）必須とする他の福祉士、すなわち、社会福祉士や精神保健福祉士における研究にも見出すことができる（茶屋道ほか 2020a、2020b）。

　これらの先行研究からは、多くの知見を得ることができる。ただし、専門学校、短期大学、4 年制大学が介護福祉士養成施設の主要機関になるところ、2021 年 6 月末時点における論考の大半は、短期大学所属教員によるもので占められている。換言すれば、養成施設数の 6 割以上を占める専門学校（日本介護福祉士養成施設協会 2020b）に勤務する介護福祉士養成教員の見解は認められない。

　なお、これらの先行研究には、学生へのアンケート調査結果を単純集計しただけのもの（右掲の【表 1-1】にある学内事例 1）もあれば、学内実習計画と実施記録をメインにしたもの（同事例 5 と 7）、質的帰納的分析の手法を用いたケース（同事例 4）など、いくつかの違いが見受けられる。

　これに対して、本章で用いる（インタビュー調査時の）データは、専門学校、短期大学、大学など、異なる形態の教育機関に勤務する現職の介護福祉士養成教員を対象としたものであり、かつ、学生対象の調査ではない。また、質的帰納的分析の有益性を認識しつつも、本章ではデータ分析の再現性に秀でたテキストマイニングの手法を採用したことから、より価値中立的な分析が可能となっている。

　さらに、介護福祉士養成施設に入学した新入生（2020 年 4 月時点）の 3 割以上が留学生で占められているが（日本介護福祉士養成施設協会 2020a）、拙稿の調査では、後掲する【表 1-2】にもあるとおり、日本人学生のみの養成施設から、留学生割合が約 1 割、5 割、ほぼ全てという養成施設まで、幅広く分析対象としている。これにより、本調査では、外国人留学生の割合が起因となり得る教育上の諸課題も射程に入れやすくなった。こうした差異があることから、本研究には先行研究とは

【表1-1】「コロナ」＋「介護福祉士」などの組み合わせによる CiNii Articles 検索（2021.6.30 現在）

学内事例 - 1 （短大）	鈴木絵美・小川あゆみ（2021）「介護実習I　学内演習プログラムの構築及びその学習効果」『八戸学院大学短期大学部研究紀要』52、17-24 頁。
学内事例 - 2 （短大）	柳澤利之・土永典明・山口友江 ほか（2021）「非常時における介護福祉士養成教育——コロナ禍における実践を通じて」『新潟青陵大学短期大学部研究報告』51、65-76 頁。
学内事例 - 3 （短大）	藤井園美子・植谷澄子・岩永十紀子 ほか（2021）「新型コロナウイルス感染症拡大に伴う介護福祉士養成課程の学内における『介護実習』の学習効果——学生アンケート調査から」『香川短期大学紀要』49、65-81 頁。
学内事例 - 4 （大学）	古川和稔（2021）「COVID-19 拡大による介護実習中止に伴う学内振替学修に関する報告——ICT を活用した学修プログラムの成果と課題（つながりがある社会を支える価値と支援システムに関する研究）」『福祉社会開発研究』13、53-63 頁。
学内事例 - 5 （短大）	浜崎眞美・福永宏子・庵木清子 ほか（2021）「コロナ禍における介護実習代替えとして取組んだ学内実習の検証」『鹿児島女子短期大学紀要』58、51-57 頁。
学内事例 - 6 （大学短大部）	清水春代（2021）「介護福祉士養成校における学内医事実習の報告」『医療秘書実務論集』11、35-41 頁。
学内事例 - 7 （短大）	木村弘子・千原智美（2021）「新型コロナウイルス感染症の流行下における学内代替実習の現状と課題——介護実習と教育実習において」『甲子園短期大学紀要』39、53-58 頁。

注）CiNii Articles の「論文のタイトル欄」に、以下のキーワードを入力して検索。ただしコロナ禍を踏まえ、検索には 2020 年 1 月以降との条件を加えている。(1) コロナ（もしくは COVID）＋介護福祉士、(2) コロナ（もしくは COVID）＋ケアワーカー（もしくはケアワーク）、(3) 介護＋学内＋実習。なお、海外事例、座談会、ユニオン、施設事例に該当する論考（各 1 件）は、ここでは省略している。

異なる部分があり、新たな知見の創出が期待できる。

2. インタビュー調査と結果の概要

　以上を踏まえ、次に分析対象となるインタビュー調査について概説する。なお、本節は調査の概要および結果紹介という趣旨から、拙稿における解説と共通項になる（阿部 2021a）（阿部・馬場 2021b）。よって、これに関する説明は、必要最小限に留めることとする。〔詳しくは拙稿をご覧いただきたい〕

2.1　インタビュー調査協力者の選定条件

　「介護福祉士養成教育および介護福祉をとりまく現状」を把握する目的で、筆者が実施したインタビュー調査（2021 年 2 月）では、次の項目に合致するインタビュー調査協力者を、機縁法により確保した。その条件とは、専門学校、短期大学、大学の専任教員の中で、介護福祉士養成課程に所属する「介護領域のコア科目担当者」であること、さらに「介護の基本」、「コミュニケーション技術」、「生活支援技術」、「介護過程」の中から、3 科目群以上を担当する専任教員であること、である。これにより、介護福祉士養成教育における中核教員を対象者とした。

　これらの条件を踏まえた結果、大学（1 校）、短期大学（2 校）、専門学校（3 校）に勤務する介護福祉士養成教員 6 人を、調査協力者として確保するに至った。その内訳は、【表 1-2】のとおりである。

　前記のとおり、介護福祉士養成教育における中核教員にターゲットを絞ったこともあり、最終的には 6 人の調査協力者に留まることとなった。この点は、明らかに本調査の限界になる。ただし、養成施設数の 6割以上が専門学校であるという既述の指摘を鑑みれば、専門学校教員が半数を占めた結果は、養成施設の種類の現状を反映したものであると考えられよう。

【表1-2】インタビュー調査協力者について（2021年2月現在）

教育機関の種類	養成課程	現在学生に占める外国人留学生の割合	教員歴
A 専門学校	2年課程	外国人留学生が大半	14年
B 専門学校	2年課程	外国人留学生数は、在学生数の約1割	17年
C 専門学校	2年課程	外国人留学生数は、在学生数の約半分	15年
D 短期大学	2年課程	外国人留学生が大半	7年
E 大学	4年課程	日本人学生のみ	18年
F 短期大学 （専攻科）	1年課程	日本人学生のみ	24年

出典 阿部敦・馬場敏彰（2021b：45-56）

2.2 倫理的配慮

調査に際しては、調査の目的、方法、個人名や関係先の匿名化、個人情報の保護、所属機関名の非特定化、データの厳重な管理、調査に対する参加、拒否、中断の自由について、予め文書と口頭で説明した上で、同意を得られた場合に限って調査協力者とした。なお、本調査の倫理面においては、社会保障・保育問題研究会からの承認を得た（2020年12月12日：承認番号 2020-D-01）。

2.3 データの収集方法

筆者は、2021年2月、調査協力者に対して──コロナ禍ということもあり──Zoomによるインタビューを、個別に1回ずつ行った。その際、調査協力者の了解を得た上で、音声を録音した。インタビュー時間は、1回あたり約50〜60分とした。

2.4 質問項目の内訳

当該インタビューは、半構造化インタビュー調査であったことから、わが国の介護福祉士養成教育および介護福祉をとりまく現状把握を意識

した 6 つの質問を準備した。各質問のキーワード、もしくは分析視角となるものは、「コロナ」、「新しい介護福祉士養成テキスト」、「増大する外国人留学生」、「日本語運用能力」、「学習内容の程度や学習範囲」、「ケースワーク、グループワーク、アセスメントなどにおける学習機会」である。なお、これら以外の事項に関しては、調査協力者に自由に語ってもらうスタイルを採用した。

2.5　分析手法

　前記のとおり、同調査の目的は、「介護福祉士養成教育および介護福祉をとりまく現状認識」の把握である。そこで、階層的クラスター分析による図化を採用することで、「現状認識の把握（→カテゴリー化）」を行うこととした。なお、具体的な分析手順は、調査協力者のインタビュー記録（音声データ）を、「文字データ（Text データ）にして保存」→「KH Coder（Version 3 を使用）による読み込み」→「前処理として、形態素解析と分かち書き処理」→「総抽出語数、異なり語数等の基本情報把握」→「語の最少出現数等の条件設定」→「階層的クラスター分析による図化」である。

2.6　分析結果

　分析結果は、次のとおりである。まず、総抽出語数は 64,452、異なり語数は 3,242 となった。次に、語の最少出現数を 30 回以上と設定し、既述の分析手法を当てはめた。その場合、布置される語の数は 86、階層的クラスター数は 15 となった。

　その後、併合水準の機能を用い、クラスター併合の段階と併合水準について確認作業を行った。その結果、クラスター数を前記のとおり 15 とすることに問題はないと判断した。よって、そのままの条件で図化を試みることとした。ただし、階層的クラスター分析によって可視化されたデンドログラム（樹形図）は、抽出語数（86 個）の多さから見難くなっ

【表1-3】インタビュー時の言葉と各クラスターの抽出語群

クラスター	抽出語群
C−1	国家、試験
C−2	大学、学校、専門
C−3	福祉、介護
C−4	言う、今、先生、思う、外国、多い、学生、日本人、留学生
C−5	ワーク、グループ
C−6	一緒、研究、今回
C−7	テキスト、使う、基本、変わる
C−8	全部、月、時間、そうね、勉強、知る、入れる、感じ、結局、実習、行く、お願い、施設、利用
C−9	技術、生活
C−10	前、書く、過程、自分、アセスメント、考える
C−11	内容、学習、持つ、状況、授業
C−12	言葉、難しい、来る、日本語、子
C−13	大変、問題、結構、教科書、理解、教える、違う、最初、入る
C−14	確か、分かる、無い、見る、現場、人、お話、話、聞く
C−15	年間、年、意味、教員、養成、部分、出る、少し、感じる、教育、出す

出典　阿部敦（2021a：22）

たため、本書では各クラスターの抽出語群のみ、【表1-3】として記載することとした。なお、各クラスターの解釈については、拙稿に譲る。

　次に、抽出語群の中から頻出語を選出する際には、KWIC コンコーダンスを用いた。これにより、クラスター 4 の「外国」と「留学生」という語は、かなり近い意味合いで使用されていることが確認された。また、クラスター 7 の「テキスト」と、クラスター 13 の「教科書」は、ほぼ同一の意味で使用されていることも確認した。よって、これらの類似語は一体的にカウントすることとした。

　以上の結果、抽出語群の中でも、「留学生＋外国」、「テキスト＋教科書」、「教える」、「分かる」などが、注目に値する頻出語として選出された。換言すれば、全 15 クラスターの中でも、クラスター 4（留学生、外国）、

クラスター 7（テキスト）、クラスター 13（教える、教科書）、クラスター 14（分かる）において頻出語が認められた、ということになる。ここまでが、拙稿の要旨となる。

3.　多次元尺度構成法と共起ネットワークからみた「日本人」

　前記のとおり、拙稿では、「わが国の介護福祉士養成教員が抱く養成教育の現状認識」を、階層的クラスター分析を用いて可視化させた。しかし、各クラスターおよび頻出語を以て、「介護福祉士養成教員の抱く現状認識」に接近できるとは限らない。なぜなら、仮に頻出語であったとしても、それが確実に影響力のある言葉になるとはいい切れないからである。

　こうした事由もあり、前記データを用いて、今回は多次元尺度構成法による図化を行うこととした。この場合、「多次元尺度構成法の中心に近く、周辺の上下左右の認識とほぼ同じような距離である」場合、図の中央部分に配置される言葉に注目することは、語の重要性を把握する際の 1 つの手段となる（赤堀ほか 2020：176）。もっとも前記のとおり、布置される語の数は 86 にのぼる。よって、実際に図化した場合、視覚的に見にくい部分がある。そこで、多次元尺度構成法による図化を実施した場合のポイントを記すと、図の中央に位置するのは、「介護」、「思う」、「日本人」、「今」、「留学生」、「学生」、「言う」などの語になった、ということである。このうち、「介護」に関しては、介護福祉に関するインタビュー調査である以上、その用語が重要な位置を占めるのは当然のことである。また、「留学生」に関しては、頻出語の観点から、拙稿でも分析対象とした経緯がある。

　こうした前提を踏まえたとき、留学生の急増という教育環境の激変を

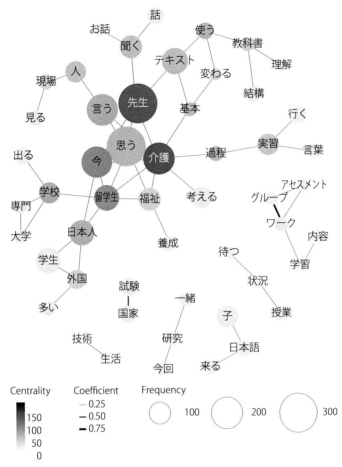

【図 1-1】インタビュー調査記録における頻出語を用いた共起ネットワーク図（媒介中心性）

前にしても、「留学生」という言葉の出現回数（146回）と同じくらい「日本人」の出現回数（155回）が多いことは、既述の「多次元尺度構成法の中心に近く、周辺の上下左右の認識とほぼ同じような距離である」点も含め、注目して良いだろう。とはいえ、言葉の重要性は、他の言葉とのつながりの強さ（→全体としての影響力の強さに連動し得る）の観点からも検証することが望ましい。そこで、共起ネットワーク（媒介中

心性）からも、「日本人」という言葉の影響力を検証することとした。

　共起ネットワークとは、「テキストデータ内である語と他の語が一緒に出現することを共起といい、共起する語を線で結んだものが共起ネットワーク」である（田中京子 2014：37）。なお、KH Coder の共起ネットワークには、「媒介中心性」、「次数中心性」、「固有ベクトル中心性」など、幾つかのタイプがある。ここでは、それらの差異を踏まえた上で（角口 2016：6）、媒介中心性による図化を採用する。

　媒介中心性とは、「各要素を最短経路で結んだ場合に、経路が要素を通過する回数の多さを示す」ものであり、「集団内において、他の要素をつなぐパイプとしての役割を示す指標」として捉えられるものである（角口 2016：6）。すなわち、全体への影響が大きい要素になる、と捉えることが可能である。その結果が、【図 1-1】である。

　本調査は、6 人の現役教員に対する「介護福祉士養成教育等に関するインタビュー調査」であることから、「○○先生」という言葉や「介護」などの言葉が、共起ネットワーク図（媒介中心性）においてコアに入ってくるのは、想定内のことである。それ故、これらの言葉以外に注目すると、「今」、「留学生」、「日本人」、「学校」などの言葉が、同図の右側にある centrality（中心性）、coefficient（係数）、frequency（度数）などの指標からみても、重要な言葉になることが確認できる。そしてこれらの点を、前述した知見も加味して表現すれば、それは「日本人」という言葉は、多次元尺度構成法においても、共起ネットワーク（媒介中心性）においても、何らかの理由で、介護福祉士養成教員にとってのキーワードの 1 つになっている、ということである。

4．コロケーション統計からみた「日本人（学生）」

【表1-4】「日本人」という言葉の直前、直後に用いられる言葉

出現数の順位	抽出語	品詞
1	学生	名詞
2	留学生	名詞
3	ない	否定助動詞
4	子	名詞 C（注）
5	中心	名詞
6	日本人	名詞
7	外国	名詞
8	思う	動詞
9	多い	形容詞
10	先生	名詞

（注）KH Coder における「名詞 C」とは、漢字一文字の名詞を意味する（樋口2017：39）。

　それでは、「日本人」という用語は、どういった用いられ方をしていることから、全体への影響力が強い言葉としての評価を受けているのであろうか。この点を把握する目的で、コロケーション統計を用いて、「日本人」という言葉の直前や直後にどのような語が出現しているのかを確認することとした。その結果は、【表1-4】のとおりである。なお、収集されるのは、前後（左右）の5語までとなっている（樋口2021）。

　このように、「日本人」という言葉が用いられる場合、「学生」、「留学生」、「〜ない」、「子」、「中心」などの言葉が、その前後に配置されやすいことが把握できた。なお、「学生」は、「日本人」の直後に配置される傾向の強いことが、コロケーション統計により確認できることから、「日本人学生」という組み合わせが大半を占めることも確認された。また、「留学生」という言葉が「日本人」と一体化されやすいということは、介護福祉士養成教員が、留学生を語る際は、留学生単独で語るケースもさることながら、日本人学生との比較という観点から論じられやすいことを示唆している。一例として、調査協力者による次の発言がある。なお、これ以降の下線部は、筆者によるものである。

落ち込んでる人がいたら、どうしますかっていう問題って、結構ありますよね。あれ、たいていの<u>日本人</u>学生は、寄り添って……という。実際、国家試験の正解も、寄り添って隣にいましょうだよね。けれど、<u>留学生</u>の場合は、<u>日本人</u>と違って「頑張りましょう……」って答える場合が多くて。そこら辺の、なんていうか、まずは寄り添いましょうっていう部分に偏らないっていう感覚が面白い。その意味では、<u>日本人</u>だけより<u>留学生</u>のいる方が、講義に深みが出ることもあるね。

　このように、「日本人（学生）と留学生」という文脈の中で、日本人（学生）が取り上げられるケースの多いことは理解の範疇である。しかし、一見しただけで、他の言葉とは明らかに異なる品詞を認めることができる。それは【表1-4】では上位３位に位置し、かつ、唯一の否定助動詞である「〜ない」である。

　この「〜ない」の用いられ方を直線的に捉えたならば、「日本人（学生）」＋「〜ない」という組み合わせから推察できるのは、語彙力や文化的差異の面で様々な課題に直面しやすい留学生だけでなく、日本人学生にも「何かしらの課題、問題が見出せる」可能性である。ただし、こうした解釈は憶測の域を出ないため、実際に「日本人（学生）」＋「〜ない」がどのように用いられているのかを、文脈付き索引・情報検索（Keywords in Context：以降、KWIC コンコーダンスと表記）によって確認することとした。

5.　KWIC コンコーダンスからみた「日本人（学生）」と「〜ない」の関係

　「日本人（学生）」＋「〜ない」の組み合わせを KWIC コンコーダン

スから確認すると、その組み合わせは多様であったが、主なものとして、次の8つが認められた。それらは順に、(1) 在学する<u>日本人</u>学生が少<u>ない</u>、という趣旨の用いられ方、(2) 経済的な困難に直面している学生は、学部学科を問わず認められるのであろうが、それにしても経済的に厳しい（介護福祉士を目指す）<u>日本人</u>学生が少なく<u>ない</u>、という趣旨の用いられ方、(3) 介護福祉士養成施設で学ぶ<u>日本人</u>学生の基礎学力が芳しく<u>ない</u>、良く<u>ない</u>、という趣旨の用いられ方、(4) 少なく<u>ない</u><u>日本人</u>学生は、漢字が十分に読め<u>ない</u>。その結果、本来であれば外国人留学生向けのルビ付きテキストは、<u>日本人</u>学生のためにもなっているのが実状、という趣旨の用いられ方、(5) しかしだからこそ、<u>日本人</u>学生も外国人留学生も育て<u>ない</u>といけ<u>ない</u>、という趣旨の用いられ方、(6) 外国人留学生が少数にとどまっている介護福祉士養成施設においては、「介護福祉士国家試験の合格」という目標は、今のところ、<u>日本人</u>学生も外国人留学生も変わら<u>ない</u>、という趣旨の用いられ方、(7) とはいえ、外国人留学生が多くを占める養成施設では、どうしても（語学力に難のある）外国人留学生をメインにした教育水準を意識することから、「外国人留学生に合わせた講義内容では、能力の高い一部の<u>日本人</u>学生には、物足ら<u>ない</u>と思われる」という趣旨の用いられ方、(8) オンライン授業をしたくても、外国人留学生はもちろん、少なく<u>ない</u><u>日本人</u>学生も、ネット環境が十分では<u>ない</u>、という、前記（2）と重複する経済的困難さを指摘する用いられ方、などである。

　なお、こうした「日本人（学生）」と「～ない」の関連性を検証する過程において、その他の興味深い用いられ方としては、次のようなものも認められた。

　　今、○○へ非常勤で行っています。留学生が<u>いない</u><u>日本人</u>学生だけの養成施設です。教え易さという意味では、非常に教えやすいと思います。

　　国内の日本語学校で1年とか、2年しか日本語を学んで<u>ない</u>子らに、

27

日本人と同じカリキュラムを２年間で教えるって……もう、いろいろ無理なんじゃないですか。だからこそ、本当に優秀な留学生を確保しないと。

留学生が多い現任校では、そもそも、日本語でグループワークとかは難しいというか、グループワークそれ自体が機能していないよね。日本人学生がメインなら、また違うのだろうけど。それに私自身、英語が話せるわけじゃないですから。

留学生の子らが、介護施設などで、アルバイト経験を積んでいてね。正直、経験値は高い。その結果、時給面を優先し、福祉じゃないアルバイトをしている多くの日本人学生よりも、技術とか、そういった面では、理解習得度は高いと思う。複雑な気持ちになりますよね。日本で介護を学んでいる日本人学生が、異文化で語学力の限定的な留学生に負けている部分があるわけだから。

　このように、「日本人（学生）」と「～ない」の関係性には、いくつものパターンを見出すことができる。ただし、KWIC コンコーダンスからみた場合、増加する留学生と減少する日本人（学生）を前にして、どのような教育を行うべきかで試行錯誤する介護福祉士養成教員らの思いを反映した文脈上の組み合わせと、日本人学生の基礎学力の低下を危惧する文脈上の組み合わせの２種類が多くを占めていた。
　なお、介護福祉士養成課程で学ぶ日本人学生の「基礎学力の低下」を指摘する養成教員の見解に類似するものとして、【表 1-5】の「貧困の諸相」を指摘することができる（川口 2016：27）。すなわち、長期間にわたる貧困が生み出す「生活力の低下」が、「基礎学力の低下」と連動しているのではないか、という認識である。それは同時に、本当は 4 年制大学に進学したいものの、家庭の経済状況から、学費が半分近くに抑えられる短期大学や専門学校を選択せざるを得ない現実を反映しているともいえる。さらに、たとえ低賃金だと認識していても、就労機会に

【表1-5】介護福祉士養成課程で学ぶ一部の学生にみられる「貧困の諸相」

【学生にみられる貧困の諸相　例示】
食　事：　食費は節約しやすい。食事の種類も量も限られ、味覚は貧困になり栄養も偏る。一方、酒やタバコは中学生のころから習慣化してしまう学生もいる。
電　話：　固定電話がないため、子ども時代の「○○さんのお宅ですか。△△ちゃん、いますか?」という経験がない。実習先への電話のかけ方は授業で教えている。
住まい：　両親のけんかで、「障子も襖も、家中、破れていないところはない」、「家中、モノが散乱している」と言う学生。教科書やレジュメ、実習記録などの整理が困難である。
言　葉：　出身高校について「府立? 私立?」と聞いても、公・民の知識や概念がなく、質問の意味がわからない。あるいは、「社会的背景」という言葉に「テキハイケーって?」など。
悩む力：　遅刻を繰り返す学生。注意を受けたことについては悩むが、「なぜ、遅刻するのか」を自らに問えず、遅刻の原因には悩めない。他者から指摘をされても響かない。
行動範囲：　「電車で出かける」という経験ができない家計で育ったため、電車の乗り方(ホームの区別や切符の買い方)を知らない。JR、私鉄などの区別も難しい。

出典　川口啓子（2016：27）

困ることが少ない（≒堅実な就職機会の確保）などの理由から、結果的に介護福祉領域への進学者には、経済的に苦しい層に属する者が少なくない、という見解に結び付くものである（阿部2021b）。

　もっとも、筆者としては、「日本人」と「～ない」の組み合わせから見出すことのできた今回の見解の一部を以って、介護福祉士養成施設で学ぶ日本人学生の「生活力の低下」や「基礎学力の低下」が、すべて合理的に説明できるとは考えていない。しかし、日本人学生の「生活力の低下」や「基礎学力の低下」を危惧する養成教員らによる「日本人」と「～ない」に関する使われ方が、優に数十を超えていたことを鑑みれば、【表1-5】の川口の指摘には、一考の価値があると捉えている。

小括

　本章では、介護福祉士養成教員が抱く「日本人学生に対する認識」について考察した。いくつかの見解が導かれたが、増加する留学生と減少する日本人（学生）を前にして、どのような教育を行うべきかで試行錯誤しながらも、日本人学生の基礎学力の低下を危惧する介護福祉士養成教員の指摘が注目された。ただし、先にも述べたとおり、本調査における協力者は6人に留まっているため、その点は本調査の限界である。とはいえ、【表1-2】にあるとおり、平均教員年数は15年以上である。それ故、およそ正鵠を射た指摘が多いであろうことは合理的に推察されよう。

　なお、本章を閉じるにあたり、前節で指摘した日本人学生の基礎学力の低下を危惧する声が表面化した一要因として、留学生の基礎学力との対比という側面が影響している可能性を指摘しておきたい。

　たしかに、養成施設で学ぶ外国人留学生には、語学力の面でハンディがある。しかし、2020年に実施された全国の養成施設に所属する卒業年度の外国人留学生（2,009名）を対象にした調査（有効回答数は1,011名、50.3％）によると、母国での学歴は「短期大学・専門学校」（39.0％）、「大学・大学院」（24.6％）と、6割以上は高等教育機関で学んできた経緯がある（日本介護福祉士養成施設協会 2021a：9、24）。これは、高校から直接、介護福祉士養成施設に入学するケースが多い日本人学生より、少なくとも学歴面では優位な外国人留学生が多いことを意味する。よって、少なくない外国人留学生は、語学力のハンディがあっても、それは必ずしも基礎学力の限定性を意味するものではない。こうした現実を鑑みたとき、介護福祉士養成教員が抱く日本人学生と外国人留学生に対する認識が、今後どのように推移してゆくのかは、注目すべき事項だといえよう。こうした点に関しては、第3章で取り上げることとなる。

第 2 章

介護福祉士養成教員が認識する日本人学生の「学習上の困難」

本章の目的

　本章の目的は、わが国の介護福祉士養成教員が認識する日本人学生の「学習上の困難」の現状と、その背景に接近することである。なぜ、このような課題を設定したのか。そこには 3 つの理由がある。

　1 つ目は、前章でも指摘したように、介護福祉士養成教員（専門学校、短期大学、大学の教員）を対象にしたインタビューおよびアンケート調査を通じて、日本人学生の「学習上の困難」を指摘するケースが非常に多かったことである（阿部 2021a、2021b、2022a）。当該調査は、コロナ禍の深刻化と外国人留学生の激増という特異な時期に実施された経緯がある。それ故、筆者としては「コロナ禍による教育への影響（→具体的には、対面教育からオンライン教育への移行、もしくはその同時並行、および学外実習から学内実習への切り替え）」と「日本語を母語としない外国人留学生の急増に対応する教育」が、主たる教育上の困難になると想定していた。しかし実際に調査をしてみると、前記事項とほぼ同頻度で、日本人学生が直面している「学習上の困難」を指摘する声が認められたのである。これは非常に重い現実であった。

　2 つ目は、そうした「学習上の困難」は、一定の年齢までに習得していることが期待される社会および生活上の経験の欠落に伴う「社会生活能力の限定性」が背景にある、という指摘が多く認められたことである（川口 2016）（阿部 2021b）。また、この「社会生活能力の限定性」には、家庭の貧困や発達障害等の複合的要因が影響している旨の指摘も、少な

からず受けた。

　３つ目は、教員側からすれば「教育困難」、生徒・学生側からすれば「学習困難」という事象に関する先行研究は多々認められるものの、介護福祉士養成課程で学ぶ生徒や学生、もしくは教員を対象に、それを真正面に据えた先行研究が非常に少ないことである。換言すれば、仮に教員側が指摘する日本人学生の「学習上の困難」の実態とその背景に接近することができれば、現状改善への示唆を得ることが期待される、ということである。

　以上の事由により、本章では、介護福祉士養成教員が認識する日本人学生の「学習上の困難」の実態に迫ることとした。その際、前記の問題意識と目的を踏まえ、本章の枠組みを次のように設定した。それらは順に、（1）介護福祉士養成課程で学ぶ生徒、学生の「学習上の困難」に関する先行研究、（2）困難を抱える生徒、学生の割合、（3）本章における調査概要、（4）分析手法と分析結果、（5）分析結果の検証、である。なお、本章の中心は、（4）〜（5）になるが、現状を俯瞰的に捉える観点から、（1）〜（2）についても詳述する。

1.　「学習上の困難」等に関する先行研究

　はじめに、本章に関する先行研究について概説する。

　わが国の介護福祉士養成課程で学ぶ生徒・学生の「学習上の困難」およびそれに関連する先行研究には、豊富な蓄積があるとは言い難い。しかし、一定数の先行研究を指摘することはできる。その際、経済産業省が 2006 年に提唱した「前に踏み出す力」、「考え抜く力」、「チームで働く力」の３つの能力と 12 の能力要素から構成される「社会人基礎力」を評価軸とする論考が少なくない（経済産業省 2018、2022）。また発

達障害および発達障害とは言い切れないグレーゾーンに言及している研究もある。

そこで筆者は、「論文の要旨」も検索対象とする CiNii articles（現 CiNii Research）のフリーワード検索を用いることで、「介護福祉士　社会人基礎力」を含む、介護福祉士と「学習困難」に関連する言葉の組み合わせ検索を実施した。具体的には、「介護福祉士　発達障害」「介護福祉士　グレーゾーン」「介護福祉士　貧困」「介護福祉士　学習　困難」「介護福祉士　教育　困難」などである。また、検索段階で表示される関連ワードも踏まえ、前記以外の組み合わせも検索対象とした。その結果が【表2-1】となる。なお、公表論文の対象期間は 2010 年 1 月 1 日 〜 2022 年 3 月 1 日までとした。

【表 2-1】介護福祉士養成課程における「学習上の困難」等に関する先行研究（2022.3.1）

番号	論文名など（2010 年 1 月 1 日〜2022 年 3 月 1 日）
1	松本しのぶ・奥田眞紀子（2010）「介護福祉士養成教育における社会人基礎力の育成（1）――介護福祉士養成課程と社会人基礎力教育プログラムの比較検討」『奈良佐保短期大学研究紀要』17、11-23 頁。
2	奥田眞紀子・松本しのぶ（2010）「介護福祉士養成教育における社会人基礎力の育成（2）――介護福祉士養成課程と社会人基礎力教育プログラムの比較検討」『奈良佐保短期大学研究紀要』17、25-35 頁。
3	根本曜子・川村博子・古川繁子（2014）「介護分野における知的・発達障害者等への教育プログラムの開発に関する調査研究（その 1）」『植草学園短期大学紀要』15、27-32 頁。
4	根本曜子・川村博子・古川繁子・漆澤恭子（2015）「介護分野における知的・発達障害者等への教育プログラムの開発に関する調査研究（その 2）」『植草学園短期大学紀要』16、1-7 頁。
5	石井恒生（2015）「高等教育機関における合理的配慮――発達障害学生支援の観点から」『神戸医療福祉大学紀要』16（1）、11-17 頁。
6	川口啓子（2016）「介護をめぐる諸問題――介護福祉士養成校の学生にみる貧困の諸相」『いのちとくらし研究所報』54、26-30 頁。

7	横山さつき・大橋明・土谷彩喜恵・田口久美子・伊藤由紀子・田村清香・田中綾（2016）「介護福祉士養成課程における教育の実態と課題──『社会人基礎力』に注目して」『中部学院大学・中部学院大学短期大学部研究紀要』17、127-137 頁。
8	向井智之・久米知代・安藤知行・川池秀明（2017）「精神保健福祉援助実習における学生の対人関係能力に関わるスクリーニングテスト作成に関する研究──学生の発達障害に着目して」『聖徳大学・聖徳大学短期大学部実践研究』2、1-5 頁。
9	根本曜子・川村博子・古川繁子・漆澤恭子（2017）「福祉分野におけるキャリア形成支援ツール開発に関する研究　その 2」『植草学園短期大学紀要』18、9-15 頁。
10	飛永高秀（2018）「高等学校福祉科の介護福祉士養成における教育実践の現状と課題──A 高校福祉科教諭へのインタビュー調査から」『純心人文研究』24、71-81 頁。
11	松永繁（2019）「介護福祉士養成課程を持つ専門学校における学生の学習継続の困難に関する調査研究」『敬心・研究ジャーナル』3(1)、35-43 頁。
12	岩本義浩・中島たまみ・松永繁・黒木豊域（2019）「『施設実習での指導に関する意識調査』──実習指導者から見た実習生の課題」『敬心・研究ジャーナル』3 (2)、81-90 頁。
13	三橋真人（2019）「介護福祉士養成校が行う職業訓練生の支援と課題──社会人基礎力の視点を通して」『同朋大学論叢』104、133-153 頁。
14	大石恵子（2020）「介護福祉士を養成する 2 年制の専門学校に勤務する教員が経験する困難と対処方法についての研究」『上智社会福祉専門学校紀要』15、43-55 頁。
15	阿部敦・馬場敏彰（2021）「わが国の介護福祉士養成教員が抱く『介護福祉』をとりまく課題認識──階層的クラスター分析による『現状の課題』と『将来像』に関する一考察」『国民医療』352、80-92 頁。
16	阿部敦（2021）「介護福祉士養成教育の現状と課題──川口啓子教授および小田史教授との対談記録」『九州ジャーナル　オブ　ソーシャルワーク』4、21-30 頁。
17	阿部敦（2021）「わが国の介護福祉士養成教員が抱く養成教育の現状認識──KWIC からみた頻出語の用いられ方」『福祉と看護の研究誌』8、19-26 頁。
18	阿部敦（2022）「わが国の介護福祉士養成教員が抱く『日本人学生』に対する現状認識」『人間福祉学会誌』21 (2)、15-22 頁。

なお、これらの先行研究は、そのタイトルから大きく４つのカテゴリーに分類することができる。１つ目は、「社会人基礎力」を評価軸とするする論考である〔表2-1の番号では、1、2、7、13〕。２つ目は、「発達障害」等による学習上の困難を示唆する論考である〔同3、4、5、8〕。３つ目は、「貧困」に注目した論考である〔同6〕。４つ目は、教員や実習指導者などへのインタビュー、アンケート調査などによる現状把握的な論考である〔同10、12、15～18〕。また、論文の内容に注目した場合、「非認知能力」に焦点を当てた論考を認めることもできる〔同11等〕。

　以上のことから、わが国の介護福祉士養成教員が認識する「学習上の困難」を理解する際のキーワードとなるのは、「社会人基礎力」「発達障害」「非認知能力」「（家庭の）貧困」などであることが推察される。換言すれば、「障害」を起点にした場合は、「発達障害⇔グレーゾーン⇔非認知能力の限定性⇔学習上の困難⇔社会生活能力の限定性⇔社会人基礎力の制約」という連動性が想定され、同様に「貧困」を起点にした場合には、「（家庭の）貧困の常態化⇔学習機会の制約⇔学習上の困難⇔社会生活能力の限定性⇔社会人基礎力の制約」という連動性が論理的に想定されよう。当然ながら、「障害」と「貧困」が一体化したケースになれば、前述した連動性は相互乗り入れし、全体としての「学習上の困難度合い」を、さらに高めることになる。

　こうした認識に依拠したならば、コロナ禍や外国人留学生の増加など、短期間のうちに急激に環境が変化した介護福祉士養成課程で学ぶ日本人学生の「学習上の困難」の今日的動向に注目することには、従来以上の意味があるといえよう。なぜならば、先行研究を通じて指摘されている「学習上の困難」の内訳、およびそこから導かれる現状改善策の今日的有効性などが、前述した激変を前にして、再検証に値する事項となっているからである。

２．「学習上の困難」を抱える生徒・学生の割合

2.1 義務教育段階における「学習上の困難」を抱える生徒の割合

　本章の主題に移行する上での前提的知見として、はじめに、わが国における「学習上の困難」を抱える生徒・学生の割合を、マクロ的な観点から確認する。

　文部科学省「新しい時代の特別支援教育の在り方に関する有識者会議」(2019) の「日本の特別支援教育の状況について」(令和元年 9 月 25 日)〔資料 3-1〕によると、義務教育段階の全児童生徒数は 2017 年時点で 989 万人と減少傾向にあるなかで、特別支援学校で学ぶ児童生徒数 (2017 年度) は、2007 年度比で 1.2 倍に増加している。これにより、義務教育段階では、全体の 4.2％が特別支援教育を受けていることになる (文部科学省 2019：5)。

　本章では、義務教育段階において特別支援教育を受ける児童生徒数の増加とその背景に関する考察は控える。とはいえ、これらの数値からは、義務教育段階以降の高等教育段階において、いかに福祉的就労や社会福祉施設への入所・通所を選択するケースが大半であったとしても、「学習上の困難」を抱える学生数の増加傾向は容易に推察されよう。

2.2 高等教育段階における「学習上の困難」を抱える学生の割合

　それでは、実際に高等教育段階において、「学習上の困難」を抱える学生の割合は、どのように推移しているのであろうか。

　まず、「学校基本統計」によると、2018 (平成 30) 年 3 月の特別支援学校高等部 (本科) の卒業者 (国・公・私立計) は 21,607 人であり、その進路の内訳は、進学 (2.0％)、教育訓練機関等への入学 (1.6％)、就職 (31.2％)、社会福祉施設入所・通所 (61.1％)、その他 (4.1％) となっている。こうしたデータから、特別支援学校高等部から介護福祉士養成施設を含む高等教育機関への進学者は限定的であることが理解さ

れる（文部科学省 2018）。

　しかし、診断を受けていないだけで、普通課程で学ぶ ADHD（注意欠如・多動症）や ASD（自閉症スペクトラム障害）、およびグレーゾーンに該当する生徒や学生は数多い。実際、「福岡県発達障がい者修学支援モデル事業　平成 29 年度事業報告」には、「資料 1：発達障がいと大学生のグレーゾーン」として「グレーゾーンとは定型発達と発達障がいの間にある層のこと」との説明を付した上で、「大学生の中で、グレーゾーン学生の割合は全学生の 0.87％〜 4.27％であり、（医師の）診断を受けた学生の約 6.2 〜 33.8 倍存在すると推定される」との記述がある（医療法人西江こころのクリニック 2020：10-11）。換言すれば、介護福祉士養成課程で学ぶ日本人学生の「学習上の困難」の現状を把握するためには、担当教員の主観的認識とはいえ、グレーゾーン層の存在を考慮に入れるべきだ、ということである。

　なお、「令和 2 年度（2020 年度）大学、短期大学及び高等専門学校における障害のある学生の修学支援に関する実態調査結果報告書」によると、大学、短期大学、高等専門学校などで学ぶ全学生（3,228,488 人）のなかで、障害学生は 35,341 人、在籍率は 1.09％となっている（日本学生支援機構 2021:8-9）（名川 2021）。また、障害学生（35,341 人）を障害別でみると、割合の大きい順に、「病弱・虚弱」（30.3％）、「精神障害」（27.4％）、「発達障害」（21.7％）となっており、これら 3 つで 79.4％と全体の約 8 割を占めている（日本学生支援機構 2021:10）。そしてこの点は、本章では重要な知見となる。なぜなら、介護福祉士養成課程では、学外実習が多くを占めることから、障害割合では最多となる「病弱・虚弱」（30.3％）に該当する者は、事実上、履修が極めて困難になるからである。すなわち、介護福祉士養成課程で学ぶ学生が該当する可能性の高い障害区分は、「病弱・虚弱」ではなく、「精神障害」や「発達障害」であることを、この段階から推察することができる。

2.3　介護分野における発達障害等を有する者の就労

ここまでに、「学習上の困難」を抱える生徒・学生の割合等について叙述した。それでは、前節の延長的知見となるが、介護福祉分野では、発達障害およびグレーゾーン的な障害を有する者の就労比率は、どの程度になるのであろうか。

　この点に関する具体的な数値は、当然ながら不明である。とはいえ、参考になる先行研究として【表 2-1】の 3 と 4 を指摘することができる。たとえば、根本らは、「全国の障害者就業・生活支援センター 318 カ所に対して、介護労働分野への発達障害者の就職者数に係るアンケート調査」を実施し、111 カ所から回答（回収率 34.9%）を得ている（根本ほか 2014：31）。その結果、「アンケート調査結果から、全国的に見ても知的障害を伴わない発達障害者が多数就労している実態が把握できた」との結論を導き出している（根本ほか 2014：27）。

　発達障害者や「学習上の困難」を抱える者が、介護分野に多数就労している、という趣旨の指摘は、筆者個人としては少なからず見聞きしてきた。しかし、そうした個人レベルにおける経験を、アンケート調査結果により裏付けた先行調査は貴重である。それは同時に、根本らによる調査後、外国人留学生が介護福祉士養成施設の 3 割近くを占めるという急激な変化を経た 2022 年時点において、介護福祉士養成施設で学ぶ日本人学生の「学習困難者」に関する状況把握の重要性を示唆しているともいえよう。

3．調査の概要

　以上の前提的知見を踏まえ、次に本章における調査の概要について概説する。はじめに、調査対象者とその選出理由について叙述する。その後、調査対象者の選定条件、倫理的配慮、データの収集方法、質問項目

の内訳、分析手法などの順に概説する。

3.1　調査対象者とその選出理由

　一般に「介護福祉士養成施設」という場合、4年制大学、短期大学、専門学校、福祉系高校の4種類がある。これに関して、公表済みの拙稿においては、外国人留学生との対比を意識して、4年制大学、短期大学、専門学校の教員に対するアンケートおよびインタビュー調査を実施した経緯がある。

　今回の調査でも、前記養成施設の現職教員を調査対象者としたが、今回の調査では、それに加えて福祉系高校の介護福祉士養成課程の担当教員も組み込むこととした[(1)]。その主な理由は、次の2点である。

　1点目は、介護福祉士養成施設（4年制大学、短期大学、専門学校）で学ぶ日本人学生の減少という事実である。実際、介護福祉士養成施設の入学定員数の削減に伴い、入学者数は減少している【表2-2】。当然ながら、こうした事実は、日本人学生の実態把握に主眼を置く本調査において、マイナスに作用し得るものである。

　もっとも、入学者数の減少という事実も、それを全体の定員充足率で捉えたならば、45.7％（2017年）から55.1％（2021年）へと約10％も上昇している【表2-2】。しかし、充足率向上の要因は、少なくとも2017年から2020年までは、日本人学生の増加ではなく、外国人留学生の増加が主であった【表2-2】。

　また、2020年から2021年にかけて、外国人留学生はコロナ禍による足止めが影響したものの、それでも入学生全体の約30％は、引き続き外国人留学生で占められている。こうした事由もあり、日本人学生の対象範囲を広げる意義が生じることとなった。

　理由の2点目は、「新学習指導要領に基づく福祉系高等学校の教育実態に関する調査研究」（2020）から確認される知見に起因することである。

　同調査研究によると（以下の記述は、高等学校福祉教育方法・教材開

【表 2-2】介護福祉士養成施設の入学者数等の推移

	2016 年度	2017 年度	2018 年度	2019 年度	2020 年度	2021 年度
養成施設数 （課程）	401	396	386	375	347	332
入学定員数 （人）	16,704	15,891	15,506	14,387	13,659	13,040
入学者数 （人）	7,752	7,258	6,856	6,982	7,048	7,183
定員充足率 （%）	46.4	45.7	44.2	48.5	51.6	55.1
外国人留学生数 （人）	257	591	1,142	2,037	2,395	2,189
離職者訓練受入数 （人）	1,435	1,307	867	765	712	706
新卒者等 （人）	6,060	5,360	4,847	4,180	3,941	4,288
留学生の 出身国数	14	16	20	26	20	28

出典　公益社団法人　日本介護福祉士養成施設協会（2020a、2021d）

発研究会 2020：2-8 による）、平成 31 年 3 月に卒業生を送り出した福祉系高校は全国で 111 校、卒業生は 2,563 人であった。また、福祉系高等学校の入学定員（平成 31 年 4 月現在）は 3,981 人であるところ、実際の入学者数は 2,905 人となっており、定員充足率は 73.0％となっている。

　紙幅の関係上、詳細は控えるが、時系列的に捉えると福祉系高校の定員充足率は減少傾向にあるとはいえ、専門学校を中心とする養成施設の定員充足率と比較した場合、充足率としては 20 ポイントあまり高くなっている。換言すれば、福祉系高校に入学した学生 2,905 人——その大半は、日本人学生であると想定される——は、【表 2-2】から確認される専門学校や短期大学を中心とする養成施設で学ぶ日本人学生数と比較すると、およそ 5 対 3 の比率になる。こうなると、福祉系高校における在学生数は、軽視できるものではない。

　加えて、福祉系高校の場合、その卒業後の就職先と進路に大きな特徴

がある。年度により幅はあるものの、平成 27 年から平成 30 年までに関しては、福祉系高校で学んだ 55％あまりが就職し、42％ほどが進学している。そして、同期間における就職者 10,102 人の就職先を「介護職」「福祉・医療職」「一般職」に分類した場合、その割合は、介護職90.1％、福祉・医療職 1.6％、一般職 8.3％となっている。これは、概ね 9 割の卒業生が、介護職、福祉・医療職に就職していることを意味する。

　その上で、前述した介護就職者 9,104 人の就職先地域をみると、在籍した高等学校のある都道府県内に就職（いわゆる地元就職）をした卒業生は 90.3％となっている。また、介護職定着率（卒業 3 年を経過した者が介護職を続けている割合）で捉えた場合でも、73.9％の卒業生が介護職を続けていることがわかる。さらに進学組のなかでも、福祉医療系学部・学科への進学が、全体の約 78％を占めている。すなわち、福祉系高校の出身者らは、地元の福祉、介護、およびその近隣領域における専門職従事者になる可能性が非常に高い人材であるといえ、それは介護現場における影響力の大きさにも連動することになる。こうした特徴を鑑み、今回の調査では、福祉系高校で学ぶ在学生の「学習上の困難」の現状を把握することも有益と判断し、福祉系高校の教員も調査対象者として組み込むこととした。

3.2　調査対象者の選定条件

　今回の調査では、基本的に次の 3 項目に合致する現職教員を、機縁法により確保した。その条件とは、（1）福祉系高校、専門学校、短期大学、大学教員のなかで、介護福祉士養成課程を担当する「介護領域のコア科目担当者」であること、（2）具体的には、「介護の基本」、「コミュニケーション技術」、「生活支援技術」、「介護過程」などの主要科目を担当する教員であること、(3) 最低でも 3 年以上の教員経験を有すること、である。ただし、大学教員の場合、大学教授から特任教授への身分変更に伴う科目負担の軽減により、前記（1）もしくは（2）の部分での条件を満たしていない場合でも、特任教授に移行する前段階において前記

条件を満たしている場合は、調査対象者として組み込むこととした。

　その上で、福祉系高校に関しては、次の条件を追加することとした。それは、前記の（1）～（3）に合致する介護福祉士養成経験を有する教員ではあるものの、特に公立高校の場合、人事異動に伴い介護福祉士養成課程のない高校等への異動が想定されることに起因する追加事項である。そこで、次の項目を満たす場合は、今回の調査対象者に含むこととした。その条件とは、「インタビュー調査を実施する時点において、高校を実施主体とする介護職員初任者研修の担当教員であること」である。なお、介護職員初任者研修とは、都道府県、もしくは都道府県知事が指定した事業所によって実施される130時間の講義に加えて、介護実習を組み合わせた高校生でも履修可能な（介護福祉士の導入的位置付になる）資格である。

　以上の条件を設定し、介護福祉士養成教育における中核教員を対象者に設定した。なお、機縁法を採用した理由は、無作為抽出による調査よりも、（後述するインタビュー調査を行う上では）本章の主題に対する率直な見解を得やすくなることが、合理的に期待されたからである。そしてこれらの条件を踏まえた結果、最終的に、福祉系高校（2校）、専門学校（2校）、短期大学（2校）、大学（2校）に勤務する11人の介護福祉士養成教員を、調査協力者として確保するに至った。

　介護福祉士養成施設における中核教員にターゲットを絞ったこともあり、最終的には8つの養成施設における11人の調査協力者に留まることとなった。この点は、本調査の限界になる。ただし、後掲する【表2-3】にあるとおり、経験豊かな現職教員から見解を入手できたことは、本章における課題の現状を把握する際には有益な情報になるといえよう。

3.3　倫理的配慮

　調査に際しては、調査の目的、方法、個人名や関係先の匿名化、個人情報の保護、所属機関名の非特定化、データの厳重な管理、調査に対す

る参加、拒否、中断の自由について、文書と口頭で説明した上で、同意を得られた場合に限って調査協力者とした。なお、本調査の倫理面においては、公益財団法人　日本医療総合研究所の研究委員会委員長名で問題のない旨の了解を得ている（2022年2月）。

3.4　データの収集方法

　筆者は2022年3月、コロナ禍ということもあり、調査協力者に対してZoomによるインタビューを個別に行った。その際、調査協力者の了解を得た上で音声を録音した。インタビュー時間は、1回あたり約30〜50分とした。

3.5　質問項目の内訳

　当該インタビューは、半構造化インタビュー調査であったことから、予め4つの質問を準備した。質問項目に関しては、事前にメールで送信し、後日、指定の日時にインタビュー調査で答えてもらう形式を採用した。その4つの質問とは、次のとおりである。このうち（3）（4）の波線は、後述する分析手法等のために著者が本書で引いたものである。なお、これら以外の事項に関しては、インタビュー調査協力者に自由に語ってもらうスタイルを採用した。

【問】
（1）先生は、現在、介護福祉士養成課程（もしくは、介護職員初任者研修）における担当科目で、およそ何人の日本人学生を担当しておられますか（延べ人数ではなく実数）。この場合、全学年の担当科目を含めての人数（実数）でお願い致します。

（2）現在、先生が担当されている日本人学生の中で、先生をして何らかの理由で「学習上の困難を有している」と判断される

学生は、何人ほど、おられますか？　この場合、「学習上の困難を有している」の判断基準は、先生の主観的な判断で問題ありません。なお、該当する受講生がいない場合は、その旨、お知らせ頂ければと思います。

(3) 仮に何らかの理由で「学習上の困難」を抱える日本人学生がいた場合、当然ながら、困難の種類や程度には、個人差が想定されます。その前提になりますが、先生をして、学習上の困難に直面していると考えられる日本人学生に関して、その困難の種類や程度、および何かしら気になる特徴などがあればご教示ください。この場合、現在の学生だけでなく、（過去3年以内であれば）卒業生なども含めてご指摘頂いて構いません。なお、該当する学生がない場合は、その旨、お知らせ頂ければと思います。

(4) 介護福祉士養成教員が認識する教育上の課題（学生側の課題）の一つとして、「精神障がい・発達障がいのある学生の増加」が指摘されています（横山さつきほか 2016:130-132）。また、「アンケート調査結果から、全国的に見ても知的障害を伴わない発達障害者が〔介護分野で〕多数就労している実態が把握できた」と結論付ける論考もあります（根本ほか 2014：27）。
　　一般論として、介護福祉分野を含む社会福祉領域では、対人コミュニケーションが重要になります。しかし、発達障害およびそれに類する障害を有する人たちは、対人コミュニケーションに困難を伴うケースが（障害の特性上）少なくありません。それではなぜ、そのような障害を抱える、もしくは、抱えている可能性の高い学生が、介護福祉士養成課程での学びを選択するのでしょうか？　この点に関して、先生のご見解をご教示頂ければと思います。

質問は、以上の４つとなる。なお、実際の依頼文には、【表2-1】に
明記した情報の範囲内で、横山さつきや根本曜子らの先行研究の情報も
付記した。

4．「学習上の困難」を抱える在学生比率

　それでは、インタビュー調査結果を叙述する。なお、H大学の教員（2
人）からは、インタビュー内容を活字化して良いか否かは、出来上がっ
た論考をみて判断したいとの申し出があった。調査協力者の立場になれ
ば、この種の申し出は理解の範疇である。とはいえ、調査実施者としては、
こうした要望に個別対応をしようとすれば、無自覚的にではあっても抑
制的にならざるを得ない面が出てくる。そこでH大学の2人に関しては、
インタビュー内容を参考にしつつも、本章での詳述は控えることとした。
　はじめに、問（1）の「担当している日本人学生」の総数（実数）は、【表
2-3】のとおりである。教育機関による差もあるが、担当業務の種類に
よる違いも大きいことが窺える（この点に関しては、【表2-3】にある
F短期大学のケースを参照）。
　次に、問（2）の「教員側からみて、何らかの理由により『学習上の
困難』を有する」と考えられる学生は、教育機関および困難の要因によ
り幅はあるという前提の下、障害やグレーゾーンを基軸にすれば全体の
約1〜2割が多く【表2-3】、経済的困難に付随する学習機会の制約と
いう意味で捉えるのであれば、（高等学校等就学支援金制度、高等教育
の修学支援新制度の利用率などからして）どれだけ控えめに評価しても、
（B高校とC専門学校を除けば）優に全体の半数以上と解釈可能な現状
がある【表2-3】。
　既述のとおり、今回の調査では、原因の如何を問わず「結果としての

学習困難」というクライテリアを採用している。これにより、疾病や障害などに起因する「学習上の困難」に留まらず、たとえば、貧困と一体化した「学習機会の制約」を主とする「学習上の困難」というケース、そして、それらの一体型も含まれることになる。それ故、「大学生の中で、グレーゾーン学生の割合は全学生の0.87％〜4.27％であり、（医師の）診断を受けた学生の約6.2〜33.8倍存在すると推定される」とした先行研究における数値（医療法人西江こころのクリニック2020：10-11）と、今回のインタビュー調査から得られた数値との比較は、あくまでも参考に留まる。とはいえ、今回の調査結果となる「学習上の困難」に直面していると推察される学生の割合は、前記数値の最高値（4.27％）と比して、かなり高くなっている。

　ただし、今回のインタビュー調査は、介護福祉士養成課程以外の学生は考慮に入れていない。それ故、類似の調査を学科横断的に実施した場合、介護福祉士養成課程の学生が、全体のなかでどのような位置にあるのかを評価することはできない。この点は、誤解のないように記しておきたい。

5．分析手法

　それでは、本インタビュー調査の中核となる問（3）と、問（4）に移行する。

　まず、問（3）の「学習上の困難を有していると判断される日本人学生に関して、困難の種類やその程度、および何かしら気になる特徴などがあればご教示ください」という趣旨の質問に関しては、調査協力者のインタビュー記録（音声データ）を、それぞれ文字データに変換、保存（Excel）した後、「KH Coder（Version 3 を使用）による読み込み」→「前

【表2-3】インタビュー調査協力者について（2022年3月現在）

教育機関の種類	養成課程教員歴	日本人学生総数	何らかの理由による「学習上の困難」を有する学生の割合等
A高校 （公立・地方）	10年	約115人 （外国人は0人）	教員からみたグレーゾーンの生徒は、全体の約1〜2割。ただし、ひとり親家庭の割合は約50%と、経済的困窮に伴う「学習上の困難」は顕著とのこと。実際、A高校で高等学校等就学支援金制度を得ている生徒の割合は、9割を超えているとのことである。
B高校 （公立・地方）	3年	12人 （外国人は0人）	担当する12名の学生のなかで、明らかにグレーゾーンに該当する学生が1人いる。この学生に関しては、他教員との情報共有がなされている。なお、経済的な面での「学習上の困難」に関しては、特段、思い当たらないとのことであった。
C専門学校 （私立・都市部）	18年	約80人 （外国人は4人）	教員からみた「学習上の困難」を有する学生は、障害のみならず、経済的要因が主になるケースを含めても全体の約1〜2割に留まるとのことであった。なお、同専門学校では、「学力的に困難のある学生」に対しては、情熱を以て向き合うという教育方針が強いとのこと。また、ひとり親家庭など経済的困難にある学生の場合、そうした逆境を糧にして勉強を頑張るケースがかなり認められる、とのことであった。
D専門学校 （私立・都市部）	16年	約50人 （外国人は15人）	教員からみた「学習上の困難」を有する学生は、全体の約3割。ただし「学習上の困難」とまではなっていないように思われるものの、経済的に難しい状況にある等の理由で高等教育の修学支援制度や奨学金（要返済）等の様々な制度を活用するケースは、ほぼ100%とのこと。
E短期大学 （私立・都市部）	協力者全員（3人）16年以上	23人 （外国人は29人）	教員からみたグレーゾーンの学生は、全体の約1〜2割。ただし、経済的困窮に伴う「学習上の困難」は、日本人学生の場合、3分の2は該当するとのこと。併せて、不規則な生活リズムが、「学習上の困難」に付随する傾向にあるとの指摘がなされた。なお、左側の学生数に関しては、担当人数が最も多い教員のケースを採用した。

F 短期大学 (私立・地方)	3 年	外国人留学生が主担当	F 短期大学に日本人学生は在籍するものの、調査協力者は、外国人留学生への教育が主担当とのことであった。それ故、日本人学生に関する詳しい情報は得られなかった。ただし、それまでの経験を踏まえ、私見を述べて頂いた。
G 大学 (私立・地方)	19 年	約 10 人 (外国人は 0 人)	教員からみた「学習上の困難」を有する学生の割合は、今年度に関しては全受講生が該当するという。グレーゾーン的な学生や経済的に厳しいケースもみられるが、特に大きな問題なのは「実習記録」が書けない、卒論などの長文が書けない、という論理的思考とその表現等に関する事項である。
H 大学 (私立・都市部) H 大学 (私立・都市部)	日本人学生数、留学生数、教育経験歴なども含め、話の内容を活字化して良いか否かは、出来上がった論考をみて判断するとの見解を頂いている。よって、本章では一切の詳述はできない。ただし、インタビューの内容は、本章作成の参考とした。		

〔注〕介護福祉士国家試験が受験可能な教育課程を設置する高等学校には、福祉系高等学校や特例高等学校などがある。ただし、すでに指定取り消しの手続きを終えているケースもあることから、今回の調査では、全国福祉高等学校長会（2022）にある 193 校のなかから選出した

処理として、形態素解析と分かち書き処理」→「総抽出語数、異なり語数等の基本情報把握」→「階層的クラスター分析」→「外部変数（教育機関）との組み合わせによる共起ネットワーク図」という流れで、分析結果の可視化を試みた。次に、問（4）に関しては、問（3）の分析手順を踏まえつつ、「文脈付き索引・情報検索（Key Words in Context：以降、KWIC コンコーダンスと表記）」による分析を採用した。

6．「学習上の困難」の主要要素

　分析結果は、次のとおりである。まず、問（3）の総抽出語数は 4,537、異なり語数は 906 となった。そして、語の最少出現数を 5 と設定し、階層的クラスター分析を行った。

　紙幅の関係上、ポイントのみを記すと、同分析により 6 つのクラスターが抽出された。そのなかで、特に「学習上の困難」を示唆する同一クラスター内における頻出語の組み合わせとなったのは、「経済＋困難」、「対人＋関係（上の困難）」「親＋問題」、「貧困＋発達＋障害＋コロナ」、「グレー＋分かる」である。これらのことから、「学習上の困難」としては、主に経済的要因による（おそらくは幼少期からの）学習機会へのアクセス困難、（後述する障害などの影響が合理的に推察される）対人コミュニケーションに起因する（学習上の困難を含む、広い意味での）生活困難、（後述するインタビュー分析の部分で指摘されるが）親から子への遺伝的要因に伴う学習上の困難、経済的困窮と障害の組み合わせによる学習上の困難、（従来までは、生徒数や学生数の多さから埋もれがちであったものの、少子化に伴い個々人の障害やグレーゾーン層の存在が可視化されやすくなったことによるであろう）グレーゾーン学生の可視化による学習上の困難の顕在化、などに分類されることとなった。

　なお、同クラスター分析からは多くの知見を得ることができたが、同分析結果を理解する上では、留意すべきことがある。それは、表現こそは異なるものの、内容的には（ほぼ）同一の言葉が用いられていることに起因する留意事項である。

　たとえば、今回のインタビュー調査において「経済的」という表現が用いられる場合、その言葉には「貧困」を示唆する否定的な表現の付随するケースが大半であった（例：<u>経済的</u>に厳しい、<u>経済的</u>に辛い、<u>経済的に</u>ゆとりがない、など）。換言すれば、今回の調査においては、「経済的」という言葉は「貧困」や「困窮」などの言葉と一括して捉えることに大きな問題はない、ということである。また、類似のケースは、他の

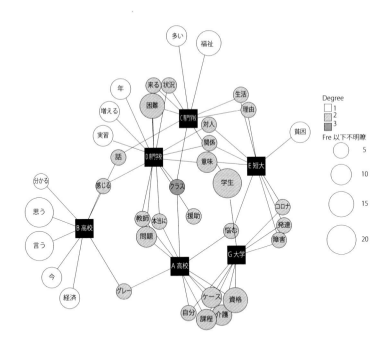

【図 2-1】「学習上の困難」の要素：共起ネットワーク（外部変数は教育機関）

表現においても認めることができた。

　こうした現実を鑑み、文脈的に同意と解釈され得る類義語も意識して問（3）における頻出語の出現回数を再検証した。その結果、「学習上の困難」を象徴する主要要素としては、「貧困」、「グレーゾーンや障害」、「対人関係」、「それらの組み合わせ」の 4 つが導かれた。

　こうした前提的知見を踏まえた上で、共起ネットワーク図（外部変数）を作成した【図 2-1】。各教育機関に特有の頻出語、そして課題の偏りは認められるものの、総じて（前述した）「貧困」、「グレーゾーンや障害」、「対人関係」、「それらの組み合わせ」の 4 つを示唆する要因を見出すことができる。これは、前記の「学習上の困難」が、高等学校で終わることなく、それ以降の高等教育段階においても継続している可能性の高いことを示唆しており、その含意は重いといえよう。

なお、今回の分析結果に関連するものとしては、横山さつきらによる先行研究がある。横山らの調査によると、介護福祉士養成教員が認識する教育上の課題（学生側の課題）を、認識割合の高い順に並べると、「基礎学力の低下」→「コミュニケーション力・人間関係力の低下」→「社会人基礎力及び人間性・基本的な生活習慣の未熟」→「学修意欲の低下」→「適応力の低下」→「精神障害・発達障害のある学生の増加」→「豊かな感性や職業倫理（介護観）の醸成の困難な学生の増加」の順番になったとのことである（横山さつきほか 2016:130-132）。もちろん、これらの項目は、相互に影響を与え得るものである。よって、それぞれが独立した教育上の課題になっているわけではない。その前提ではあるが、障害に関する要因は、主因の１つにはなっているものの、それ自体単独で上位に位置しているわけではない（7項目中6番目）。

　これに対して今回の調査では、前述したとおり、経済的な制約に伴う「学習上の困難」、グレーゾーンも含めた「精神障害・発達障害のある学生の可視化」によって明らかとなった「学習上の困難」、そこに付随する「コミュニケーション困難（＝対人関係上の困難）」、「それらの組み合わせによる学習上の困難」が、困難の主要因として位置づけられた。もちろん、今回の調査と先行研究とでは、調査手法、分析手法、調査規模などが異なる。それ故、両者の単純比較はできない。その前提を踏まえてではあるが、グレーゾーンを含む障害を有する学生の増加は、近年の特別支援を受ける生徒数の急速な増加と矛盾しない傾向ではある。同様に、貧困層の拡大化、常態化は周知のとおりである。それ故、【図2-1】の結果が今日的傾向を反映していると考えることは、合理的解釈であるといえよう。

　ただし、調査協力者である介護福祉士養成教員は、対人援助のスペシャリストであるが故に、他学科の教員よりも（グレーゾーンであるか否かに）敏感である可能性は容易に想定される。また介護福祉職が、対人援助職であるが故に、「コミュニケーションの困難」に関しては、他職種以上に注目されやすいことなども、調査協力者らの認識に影響を与えている可能性は否定できない。

換言すれば、介護福祉従事者およびその候補者らにグレーゾーン層が多い、などという先入観を有するべきではないということである。とはいえ、「アンケート調査結果から、全国的に見ても知的障害を伴わない発達障害者が〔介護福祉分野に〕多数就労している実態が把握できた」との結論を導き出した先行研究の存在は、併せて意識されるべきである（根本ほか 2014：27）（〔　〕は筆者による挿入）。よって、こうした点の今日的有効性は、今後の検証に譲ることとしたい。

7. 対人コミュニケーションに困難を抱える学生が介護福祉士を目指した理由

　次に、問（4）の介護福祉士養成教員が考える「対人コミュニケーションに困難を抱える学生が、敢えて対人コミュニケーションを必要とすることが多い介護福祉職を目指した理由」に関する分析結果を紹介する。なお、分析手法は、前記のとおりである。

　はじめに、問（4）に関するインタビュー回答からは、「貧困」「親」「ひとり親」「障害」「本人の希望」「理解」「不足」などの言葉が頻出語として認められた。そこで、これらの言葉に注目し、KWIC コンコーダンスによる文脈分析を実施した。その結果、これらの主要用語を含む文章の意味するところは、「（家庭の）貧困」や「障害」など、学習上の困難に直線的につながる指摘以外では、およそ次の 4 項目に集約できることが確認された。それらは順に、「業務内容のイメージのしやすさ」、「子どもの障害に対する親の理解不足」、「手に職をつけることによる就労機会の確保とキャリアアップ（という親の考え）」、「自らの弱さを克服する手段としての介護福祉」である。そこで、これらの項目に該当する複数のコメントを、その指摘の趣旨を変えない範囲において表現を調整し、以下に紹介する。

7.1　業務内容のイメージのしやすさ

　調査協力者らが指摘した「コミュニケーションに困難を抱える学生が介護福祉士を目指した理由」の1つ目は、「業務内容のイメージのしやすさ」である。前記の要約条件を踏まえた場合、たとえば、次の趣旨のコメントが複数あった。

　　（発達障害と）診断済みの少なくない生徒が、介護福祉士養成コースを選択した理由の一つとして、介護はイメージしやすい仕事であるということが影響しているように思います。たとえば、社会福祉士などの「社会福祉の相談援助職」は、診断済みやグレーゾーンの生徒には、抽象的すぎて理解が難しいのですが、介護であれば、「身の回りのお世話」という意味で、イメージがしやすいのだと思います。もちろん、この場合、介護の専門性に関する議論は置いといて、という意味ですが。

　　ASD（自閉症スペクトラム障害）など、知的にゆっくり系だと、抽象的な思考や理解は困難ですが、目の前で繰り広げられる「介護」の仕事はイメージしやすく、そのことは進路選択に影響を与えていると思います。例えて言うなら、幼稚園くらいの子どもが、将来の夢を「お花屋さん」「ケーキ屋さん」「レジの人」など日常目にする場所で、具体的にイメージしやすい仕事を挙げるのと同じです。

　このように、「業務内容のイメージのしやすさ」が、選択理由の1つとして指摘されていた。これは「発達」や「障害」などの主要用語が含まれた文脈で語られた指摘になる。

7.2　親による動機付けと親の障害に対する理解不足

調査協力者らが指摘した「コミュニケーションに困難を抱える学生が介護福祉士を目指した理由」の２つ目は、「親による動機付けと親の障害に対する理解不足」である。これに関するものとしては、例えば次のコメントがある。

　　子どもの障害に対する親の理解不足は少なからず影響していると思います。例えば「あなたは優しい性格だから、福祉に向いている」とか、そういう子どもに対する親の動機付けです。しかも、発達障害は、遺伝的な要素もあることから [2]、実は親としても理解が難しい。そういう意味でも、理解不足はあるように思えます。

　　学校説明会でも、親が「この子は優しいので、福祉に向いていると思います」と、よく話してくる……というか、説明されてきます。その結果、ご本人と直接話すという機会が限られてしまいます。また、親御さんのお話を聞いていると、障害があるのでは……と思うケースもあるのですが、そうしたケースに限って、親御さんの方がよく喋ってしまいがちです。親の進路ではなく、本人の進路なんですけどね……。

　このように、親の動機付けや子どもの障害に対する理解不足が、選択理由の１つとして指摘されていた。これは「親」や「理解」などの言葉が用いられるなかで語られた指摘になる。

7.3　「手に職をつける」ことによる就労機会の確保とキャリアアップ

　調査協力者らが指摘した「コミュニケーションに困難を抱える学生が介護福祉士を目指した理由」の３つ目は、「手に職をつける」ことによる就労機会の確保とキャリアアップを目指すという、これも親の認識に関することである。これに該当するものとしては、例えば次のコメントがある。

子どもがそうであると、親自身も発達系の障害を有するケースは少なくないので、そもそも経済的に困難な家庭が多いです。よって、そうした家庭では、高給は望めなくても、確実な就労機会を目指すという価値が強いように思われます。低所得者層が目指すのは、確実性の高い就労機会であり、その担保となる国家資格だと思うのです。だからこそ、仮に親がASD特性の子どもを介護職に就かせることの矛盾を抱えていたとしても、福祉系高校や専門学校など、比較的短期間の修学で国家資格を取得し、手に職を持たせるという意味では、介護福祉職は（少なくとも親としては）有力な選択肢に入るのだと思います。

都市部では考えられないかもしれませんが、うちの高校の場合、かなりの生徒が入学時の段階で看護師を目指しています。介護福祉士よりも看護師になる方が、就業条件が良いからです。もっとも、高校で看護師を目指す機会は少ない（注：中学校卒業から看護師を目指す場合には、5年一貫看護師養成課程に進学するなど選択肢が少ない）。だから、前段階として介護福祉士養成課程に入ってくるんです。手に職を付けながら、資格のキャリアアップを図っているという感じです。もちろん、親のアドバイスはあると思います。また、正直なところ、おじいさん、おばあさんの対応くらいならできるでしょ、という介護福祉領域への評価が（親の）認識にあるというか……そういう心証は抱きますよね。

　このように、「手に職をつける」ことによる就労機会の確保とキャリアアップという親の職業観が、選択理由の1つとして指摘されていた。これは「国家資格」「職」「看護師」、そして「経済的」「貧困」などの言葉が用いられるなかで語られた指摘になる。

7.4　自らの弱さを克服する手段としての介護福祉

　調査協力者らが指摘した「コミュニケーションに困難を抱える学生が介護福祉士を目指した理由」の4つ目は、自らの弱さを克服する手段として、介護福祉士を希望する学生が散見される、という指摘である。これに該当するものとしては、例えば次のコメントがある。

　　　少なくないグレーゾーンの学生は、コミュニケーション上の困難から「場の空気」が読めず、かなりの確率でいじめを受けた経験があります。その結果、「コミュニケーションが取れるようになりたい。そうすれば、いじめられない。自分を変えることができる。これからの人生にもプラスになる。だから対人コミュニケーションが重要になる介護福祉を学びたい」という理由で、介護福祉を選択する学生がいます。ただ、現実は皮肉なものです。というのは、教育機関では、彼ら彼女らの障害に起因する言動等は「個性」と見做され、あくまでも「個人」として尊重されるのですが、卒業後の福祉の現場においては、「（障害という個性を持った）個人」ではなく「（介護福祉士という）援助者」として見做されるからです。もちろん、援助者に「障害という個性」が付随している場合、それをオープンにしていれば、同僚や上司の理解も得やすくなり、個別のサポートも受けやすくなるわけですが、現実には（障害を）クローズドにしている場合が多い。その結果、職場での理解が得られず、（個性として理解、評価され、居心地のよかった養成課程時代より前の）学校時代と同じように職場でもいじめられ、二次障害を発症して離職する、というパターンは少なくありません。

　このように、「自らの弱さを克服する手段として、介護福祉士を希望する」という学生の存在が指摘された訳だが、当該学生にとっては、これは大いなる挑戦である。ただし、障害の自己認識が伴わない場合、周囲の理解も得られにくいことから、結果として二次障害の可能性が高ま

ることになる。こうした点は、ここで紹介した調査協力者のコメントの
みならず、他の先行研究においても多々見出せることである。

7.5　その他のコメント

　なお、問（4）では「コミュニケーションに困難を抱える日本人学生」
に焦点を当てたものの、インタビューの展開上、「コミュニケーション
に困難を抱えてはいないものの、別な理由による学習上の困難を抱えて
いるケース」のコメントも少なからず認められた。その中でも複数の教
員から指摘された類似のコメントとして重要になると考えられたのは、
「（コロナ禍に伴う更なる）経済状況の悪化」と、そこに付随する「ひと
り親家庭の多さ」と「貧困」である。

　　介護福祉分野の学生に限ることではないと思いますが、コロナ禍
　で経済状況が不安定ななかで、ひとり親家庭も増加しているわけ
　です。学習能力の高い学生がいるのも事実ですが、とにかく落ち
　着いて学習するだけの経済的なゆとりがないという現実もありま
　す。しかも、これまではアルバイトに時間が取られ過ぎてしまう
　ことが問題だと思っていましたが、コロナ禍で、そもそもアルバ
　イトすらできず、従来以上に経済的に行き詰ってしまった学生も
　いました。ですから、経済状況の悪化とその継続が、学習困難の
　大きな要因になっているのも事実です。

　　（前掲の【表2-3】にも記したA高校の場合）グレーゾーンの生徒
　は、私から見た場合、全体の約1〜2割くらいです。診断済の子
　もいます。ただし、メインは経済的なことですね。実際、ひとり
　親家庭の割合は約50％と、経済的困窮に伴う「学習上の困難」は
　明らかだと思います。そうした現実もあり、高等学校等就学支援
　金制度を得ている生徒の割合は、うちの学校では9割を超えてい
　ます。私学でも支援制度は使えますが、やはり何かと支出が生じ

る。その点、うちは公立高校ですから、能力はある程度以上でも、経済的に苦しい家庭の子が（手に職という意味でも）集まっているのだと思います。

このように、学力水準の高い学生であっても、学習上の困難を抱えるケースが増加していることは、調査協力者から繰り返し指摘された。それは、社会としての経済状況の悪化と、個人レベルとしての「ひとり親家庭」の増加、およびそれに付随しやすい「家庭の貧困」を主たる要因とする学習上の困難である。もちろん、こうした指摘は、介護福祉系学科のみに当てはまることではないだろう。

また、介護福祉士の国家資格を取得することが、結果として学生（卒業生）たちを苦しめているのではないか、という皮肉な現実を指摘する声も複数認められた。これに該当するものとしては、例えば次のコメントがある。

> 障害やグレーゾーンの学生や卒業生に対する支援が、本当に難しいと思ってですね。私は教育者として、障害を個性として認めていくっていうのが大事かなと思うんです。けれども、社会の中ではやっぱりできる子たちにフォーカスが当たるし、介護福祉士っていう資格に対して対価を払って、ましてプラスアルファを処遇改善手当としてもらうのであれば、それ相応に仕事ができてもらわないと困るっていうことになる。でも、自身の障害を十分に受け止めていない場合は、周りから「介護福祉士の資格を持っているのに、こんなこともできないのか？」となりますよね。そうなると、もう先は見えてしまいます。実際、ある卒業生がそういう状態になってしまい、話を聞いたら、ポータブルトイレのお掃除とか、介護の専門性が伴わない仕事だけをまわされるようになって……。今は完全な鬱状態です。明らかに二次障害ですよね。

近年、介護福祉士養成施設で学ぶ外国人留学生の急増に配慮している

のではないか、という文脈において、介護福祉士国家試験の容易化を指摘する声がある。ただし、容易化の理由が何であれ、その結果として、「国家資格を持っているのに、こんなこともできないのか……」という言葉に苦しみ、二次障害に陥る養成施設卒業生を生み出している面があるならば、これはあまりに皮肉な現実である。

　ただし、「人手不足もあって、経営者側としては現職の介護福祉従事者に辞めてもらっては困りますので、生活支援に課題を抱える職員（卒業生）に頑張ってもらっている現実もあります。とはいえ、利用者さん側や同僚の負担は大きいのでしょうが……」との声も認められた。こうした指摘は、上記コメントとのバランスを取る観点からも記しておきたい。

8. 教育機関により異なる「学習上の困難」への対応余力

　今回のインタビュー調査全体を通じて、「学習上の困難」と「困難への対応」は、地域差（都市部であるか否か）もさることながら、教育機関のタイプによって大きく異なる可能性が高い、という重要事項を把握することができた。これに該当するものとしては、例えば次のコメントがある。

　　大学で介護福祉士を目指していても、途中で向いていないと分かれば、最初はダブル資格を目指す人が多いので、社会福祉士のみへの進路変更ができるじゃないですか。それに、いざとなれば無資格卒業だってアリですよね。でも専門学校では、そもそも進路変更すら容易ではありません。しかも、２年間で卒業しないといけないわけです。教育内容を踏まえれば、時間的には相当タイト

です。ですから、グレーだな……という学生がいた場合、その学生の就職先にその子の特性を伝え、きちんと受け入れてもらえるよう手厚い対応をしたくても、十分にはできないんです。余力がないんですよ。でも、大学であれば4年間もある。ゆっくり成長を見守れるわけです。その分、教育もしやすいし、就職対応もしやすい。でも、専門学校や短大の教員に、そんな余裕はありませんよ。もちろん、大学の介護福祉士養成課程で学ぶ学生さんたちにも、様々な問題はあるとは思います。とはいえ、単純に学修期間に連動する経済的負担だけをみても、専門学校や短期大学の学生の方が、直面している学習上の困難も種類も、より重いケースが多いように思えてなりません。その点、4年制の大学教員は恵まれていると思います。学生募集上、どうしても外国人留学生に依存せざるを得ない専門学校とは異なり、（外国人留学生に）付随する困難も少ないでしょうから。

　このコメントは、4年制大学に勤務する筆者にとっては非常に重い指摘である。たしかに、専門学校や短期大学と比して、時間的な猶予はあるため、「学習上の困難」への対応はしやすいであろう。実際、これまでの経験上、「本学科では、就職時の対応も、適宜、個別にしていますよ」という趣旨のコメントを頂いたことがあるが、それは4年制大学の教員からであった。また、「本学科では、診断済の学生を含めても、グレーゾーンに該当する学生は数名程度です。ですから、他学科と比べて多いということはないと感じています」という趣旨のコメントを頂いたこともあったが、これもまた、4年制大学の教員からであった。もちろん、教育機関によって差異が生じることは明白である。とはいえ、4年制大学であったとしても、その全てにおいて個別対応ができているかといえば、決してそうではないだろう。この点は、自戒の念を込めて申し添えておきたい。

９．「学習上の困難」に付随する「教育上の困難」

　ここまでに「学習上の困難」に関するインタビュー調査における知見を紹介した。その上で、学生側の「学習上の困難」に関する見解を調査協力者らが述べる過程で、「受講生が抱える学習上の困難」が「教員の観点」から捉えなおされ、最終的には「教育上、個別対応上の困難」を指摘する声が混在することとなった。ここでは、そうした「学習上の困難」の合わせ鏡になる「教育上の困難」について紹介する。

　　これまでは、グレーゾーン的な学生がいても、実習前の段階における学習や、実際の現場実習などを介して、学生にどういう課題があるのかが見えてきて、それなりに個別対応もできていたと思います。でも、コロナ禍と留学生の増加が、そうした日本人学生への教育に強い影響を与えています。まず、コロナ禍に伴いオンライン教育がメインになり、「学外実習」が「学内実習」に変わった時期がありました。そうなると、それまでは（実際の対面指導で）顕在化していた課題が潜在化してしまいます。だから、本人もこちらも課題がよく分からない状態で就職ということになります。これは二次障害を引き起こす可能性を高めるという意味でも、憂慮するべき状況だと思います。しかも、コロナが収束すれば、コロナ禍前のように外国人留学生が増えますが、本学に来る留学生は、ほとんどが生活困窮の状態で来日しますので、様々な公的支援につなげる必要があります。そもそも、アルバイト先の確保から対応しなければなりません。その結果、日本人学生で困難を抱えているケースに、従来のようには対応できなくなります。どうしても外国人留学生へ割くエネルギーが大きくなるからです。これは「教育上の困難」です。

　　ポイントになるのがグレーゾーン学生への就職支援です。今まで

は、きちんと個別対応を行っていましたし、今でも、できる限り
そのようにはしています。たとえば、ストレスを抱えやすい学生
を受け入れてくれた施設さんには、夜勤デビューを少し遅らせて
もらうとか、そういう調整はお願いしています。とはいえ、施設
職員の定着率は、そんなに良くないわけです。その結果、理解の
ある施設の人が去るケースが出てきます。（こうして）つながりが
弱くなってゆく。加えて現場は人手不足です。そして教育機関の
側は、コロナ禍に留学生の増加もあり、個別支援が非常に難しく
なってきているっていうのは正直あると思います。

　このように、「学習上の困難」は、単に（学生にとっての）「学習上の
困難」に留まらず、教員側にとっては「教育上の困難」や「個別対応上
の困難」を一体化させているのが実情である。そして、こうした困難度
合いを高める主要因は、コロナ禍と外国人留学生の増加である。この事
実は、学生側への支援を検討する際には、教員配置基準を含めた教育者
側への支援も一体化しない限り、局地的対処法に過ぎなくなることを含
意している。

10．　先行研究で指摘されている対応策の限界

　ここまでに、主に介護福祉士養成教員が認識する日本人学生の「学習
上の困難」について叙述した。それでは、今回の調査結果から可視化さ
れた現状に対して、どのような対応策が考えられるのであろうか。これ
を検討する上で、1つの論点になるのは、本章の導入部分でも紹介した
経済産業省が重視する「社会人基礎力」である。なぜならば、今回の調
査から明らかにされた「学習上の困難」は、前記「社会人基礎力」修得

の困難と表裏一体の関係になるからである。

この点に関して、かつて、松本・奥田は、「……介護福祉士養成課程において、社会人基礎力を育成するための教育プログラムの導入は、容易であるといえる。その理由として、①社会人基礎力と介護実践で求められる重要な力に共通性がみられること、②社会人基礎力と介護福祉士養成の教育プログラムの内容に類似点が多いことがあげられる」と指摘していた（松本・奥田 2010：22）。また、根本らは、知的障害を伴わない発達障害者の就労は、障害をオープンにしているか、クローズにしているかで、仕事への協力や定着率等の面で、大きな違いが生み出されている事実を指摘した上で、「……障害の受容が出来ている場合、介護福祉士養成校で特性に合わせた教育（SST 等）やカウンセリングで自己受容と困難なときに相談することを学ぶことが出来る」とし、介護福祉士養成施設の果たす役割の重要性を指摘していた（根本ほか 2015：2、7）。

筆者は、社会人基礎力と介護実践で求められる重要な力に共通性がみられるという指摘は、事実その通りだと認識している。その上で、コミュニケーションに困難を抱える人たちの職場環境を調整することで、介護を含む多様な職域で、彼ら彼女らが活躍できる機会を増やすことは重要であると認識している。また、そうした人たちの就労は、前述した根本らの研究成果を踏まえれば、職場の同僚や上司への「障害のオープン」など一定の条件を整えることで可能となる可能性が高まるとの指摘もある。

しかし、今回の調査結果から合理的に推察されることは、少なくとも介護福祉士に期待される「社会人基礎力」を修得する上での「学習上の困難」には、教育機関、学生、家族らの自助努力で対応できる範囲を超えた要因、たとえば、コロナ禍によって従来以上に悪化した「貧困」などによる社会経済的な「学習上の困難」などが多くなっている現実である。加えて近年では、従来にはなかった外国人留学生への対応に、多くの介護福祉士養成施設は労力を割かれている実状がある。

それ故、前述した先行研究における具体的な対応策、たとえば、教育機関側による（発達障害系学生への）個別的対応を含む支援策の実施な

どは、少なくない養成施設（特に専門学校や短期大学）で、既にキャパシティを超える部分があるといえよう。換言すれば、「障害やグレーゾーン」というコミュニケーションに困難を有する人への十分な配慮を講じることを妨げるだけの要因が増加しているのである。これは当然ながら、従前の対応策に加え、新たな対策の必要性を示唆するものである。

11．公費による教育支出の増大と就労条件改善の必要性

　今回の調査は、そのタイトルが示すように、敢えて介護福祉士養成施設で学ぶ日本人学生の「学習上の困難」に焦点を当てた論考である。したがって、そうした困難を抱える学生が、同養成課程で学ぶ学生の多数派であると主張しているわけではない。この点は、誤解のないように明記しておきたい。その上で、筆者が強調したいことは、前述した「学習上の困難」を生み出す各要因が、特に「貧困」を媒介とすることで、元々の「学習上の困難」、たとえば、障害に付随する困難を、さらに悪化させる可能性を高めていることである。それは究極的に、横山らが指摘した「豊かな感性や職業倫理（介護観）の醸成の困難な学生」を増加させ、故に介護現場におけるステークホルダー全体に、マイナスに作用するものとなる（横山さつきほか 2016:130-132）。

　このような負の連鎖が合理的に想定される以上、教育分野への財政強化の重要性は増すことになる。たしかに、コロナ禍に対応するため、近年、教育分野への財政支援策は強化されている。しかし、元々が低いわが国の教育分野への公的支出を鑑みれば、たとえば、高等学校等就学支援金制度や高等教育の修学支援制度における対象年収の目安の緩和は、有力な施策になるだろう（政府広報オンライン 2022）。それは、介護福祉を学ぶ学生が直面する「学習上の困難」のみならず、学

科を問わない生徒や学生の「学習上の困難」の軽減に資するものであり、わが国の将来に向けた前向きな投資になるものである。もちろん、教員の配置や待遇という意味でも、相応の改善は一体化されるべきである。

　その上で、こと介護福祉士を含む社会福祉従事者に関しては、相応の待遇改善と雇用の安定性が一体化されるべきである。これに関して、ある調査協力者のコメントを記しておきたい。なお、下線部分は筆者による強調箇所となる。

　　　よく生徒に言うのですが、あなたたちが利用者さんに手を触れた瞬間、その行為は公的なサービスになるんですよ、と。そしてその考え方に立てば、社会福祉従事者は、公務員でいいんじゃないかと思うんです。現実には、他の産業と比較して、低賃金で重労働な民間サービスなんですが…。

　介護福祉士は、（既述のコメントにあるように）看護師に"キャリアアップ"するためのステッピングストーンとして存在するわけではない。介護福祉士も看護師も、それぞれに高度な専門性があり、また、両者ともにエッセンシャルワーカーである。ただし、両者を大きく隔てるものは「待遇格差」である。しかも、その「待遇格差」が、実態としての専門性は別として、社会的イメージとしての「介護の専門性」をも過小評価させているのではなかろうか。そうした現状を改善するためにも、私的な教育負担の更なる軽減と、介護福祉従事者に対する相応の待遇改善（＝正当評価）が求められるのである。

小括

　本章を通して、いくつかの知見が明らかとなったが、特に重要になるのは次の３点である。

１つ目は「介護福祉士養成課程で学ぶ日本人学生が直面している学習上の困難」は、複合的な要因から構成された学習上の困難ではあるものの、【図2-1】およびその後のKWICコンコーダンス分析から導かれる知見を踏まえたならば、「障害と貧困の双方、もしくはその一方が主となっているケースが少なくない」という解釈が合理的に導かれる。

　２つ目は、少なくとも今回の調査からは、経済的事由に起因することが強く想定される「学習上の困難」が、調査協力者から繰り返し指摘された事実である。それらは、学生の個人的責任に帰する要因ではない以上、経済的な支援の拡充を公的責任によって行うことの重要性を示している。

　３つ目は、学生の「学習上の困難」は、教員の観点から捉えた場合、「教育上の困難」となり、さらに、コロナ禍と外国人留学生の増加でその困難度合いが高まっているため、対学生への支援だけでは不十分になる、ということである。これは公的責任による学生支援のみならず、エッセンシャルワーカー養成機関そのものへの（公的責任による）財政支援等の充実の必要性を示唆するものである（川口2020a）。

　もちろん、今回の調査は、調査協力者数において限定的である。それ故、本章における知見を一般化することは拙速である。とはいえ、本調査から導かれた知見には、幾つかの先行研究との類似性を見出すこともできる（横山さつきほか2016）（根本ほか2014）（川口2016）。それは、先行研究において指摘された「学習上の困難」に関する諸要因（障害や経済的要因等）を継続確認することができるという点において重い意味があり、故に、早急な改善策の必要性を示唆するものである。

[注]
（1）　高等学校福祉科は、1999年の新高等学校学習指導要領において告示、2003年度から実施された（山口2021：42）。この20年あまりの歴史的経緯についての詳述は控えるが、前出の山口は、高等学校福祉教育方法・教材開発研究会「新学習指導要領に基づく福祉系高等学校の教育実態に関する調査研究実態調査」

（2020）を引用する形で、「福祉系高等学校」について、「……介護福祉士養成に必要な 52 単位（平成 23 年度以降は、医療的ケアの追加により 53 単位）のカリキュラムを置き、介護福祉士を養成している高等学校をいう。2007 年度の社会福祉士及び介護福祉士法の改正により規定され、2009 年度より設置された」と記している（山口 2021:43）。なお、前記 53 単位に相当する教育時間は 1,855 時間となっている。

こうした福祉系高校は、2021 年 4 月現在、全国で 112 校（公立 74 校、私立 38 校）となっている。福祉系高校の設置数は「九州・沖縄」地区で公私合わせて 39 校と群を抜いて多く、それ以外では多い順に「東海」18 校、「関東」13 校、「近畿」12 校、「東北」9 校、「中国」8 校、「北信越」5 校、「四国」「北海道」4 校となっている（全国福祉高等学校長会 2021）。人口比も考慮に入れれば、「九州・沖縄」地区における福祉系高校の多さは顕著である。

（2）　今回のインタビューでは、一部の調査協力者は「発達障害には遺伝的要素がある」と断言していたが、実際には未解明の部分も多い（特定非営利法人　ADDS 2021）（宮尾 2019）。

第 3 章

介護福祉士を目指す外国人留学生の現状と外国人介護福祉従事者への評価

——労働環境の変容を視野に入れて——

本章の目的

　第 1 章と第 2 章においては、介護福祉士を目指す「日本人学生」に注目した。これに対して本章では、外国人介護福祉士候補者および介護福祉従事者に焦点を当てる。具体的には、わが国において介護福祉士を目指す外国人留学生の現状と、外国人介護福祉従事者への評価を踏まえ、最終的には（日本人介護福祉従事者を含む）今後の労働環境の展開とその含意について叙述する。この目的を果たす観点から、（1）複数の受け入れ制度、（2）介護福祉士国家試験の合格実績、（3）養成施設卒業後の進路、（4）介護福祉従事者としての評価、（5）人材育成と人材確保の非連動性、（6）介護福祉分野の労働環境に影響を与え得る近年の国の施策とその含意、の順に考察する。

　本章における見解のなかで重要になるのは、次の 3 点である。（ⅰ）わが国に来日した外国人で、介護福祉士を目指す者のうちの一定数は、優秀な介護福祉従事者になり得る条件を備えている、（ⅱ）しかし、全体の必要人数を鑑みたとき、基本的には日本人にとっても魅力ある職種になるような相応の待遇改善策が必要である、（ⅲ）介護福祉の労働環境に影響を与える近年の国の政策は、外国人介護福祉従事者増大の如何にかかわらず、労働環境の改善に資するとは言い難い、である。

　なお、コロナ禍前後では社会情勢が大きく異なることから、できる限り 2020 年 1 月以降に公表された論文や資料等を用いることとする。

1．複数の受入れ制度と受入れ実績

　日本介護福祉士会は、元々、介護職の外国人の受入れに反対の立場を表明していた（ケアマネジメントオンライン 2014）。しかし 2022 年 4 月現在、多くの介護福祉士養成施設は、外国人の受入れ無くしては、経営が成り立たないのが実状である。

　外国から日本に来て介護福祉士、もしくは介護福祉従事者としての就労を目指す場合、次の 4 つのルートがある。それらは順に、①経済連携協定＝ EPA：Economic Partnership Agreement（二国間の経済連携の強化）、②在留資格／介護（専門的・技術的分野の外国人の受入れ）、③外国人技能実習制度（制度の趣旨：本国への技能移転）、④特定技能 1 号／介護（人手不足対応のための一定の専門性・技能を有する外国人の受入れ）である【図 3-1】。

　この図を読み取るに当たって、いくつか注意しなければならない点がある。第一に「介護福祉士養成施設」と「介護施設等」の区別である。前者は介護福祉士養成課程をもつ大学や専門学校等を指し、後者は実際の介護現場である施設を指す。後者は就労する場でもある。第二に①の EPA に基づく受入れにおける「就学コース」は、一応フィリピン、ベトナムに対して設けられているとは言え、実際には機能していない。事実、フィリピンからの人に対して、就学コースは 2011 年以降、募集をしていない。また、ベトナムからの人に対しては、受け入れ実績がなく、さらに、インドネシアからの人に対しては、そもそも就学コースが設定されていない。そのため①は事実上、「就労コース」のみと考えられる。第三に養成施設を卒業しても国家試験に合格しないと介護福祉士の資格を得ることができないという制度設計になっているが、この基本方針は、2012 年以降、繰り返し延期されており、現在は表の（注 1）にある通

【図3-1】外国人介護人材受入れの仕組み

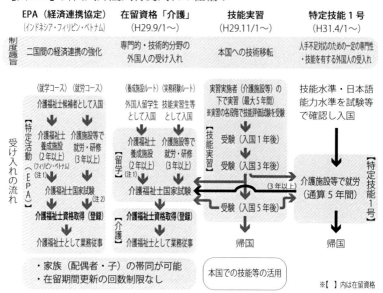

EPA（経済連携協定） (インドネシア・フィリピン・ベトナム)	在留資格「介護」 (H29.9/1〜)	技能実習 (H29.11/1〜)	特定技能1号 (H31.4/1〜)
制度趣旨 二国間の経済連携の強化	専門的・技術的分野の 外国人の受け入れ	本国への技術移転	人手不足対応のための一定の専門性 ・技能を有する外国人の受け入れ

受け入れの流れ

〈就学コース〉〈就労コース〉
介護福祉士候補者として入国

〈養成施設ルート〉〈実務経験ルート〉
外国人留学生　技能実習生
として入国　　として入国

実習実施者（介護施設等）の下で実習（最大5年間）
※実習の各段階で技能評価試験を受験

技能水準・日本語能力水準を試験等で確認し入国

【特定活動（EPA）】(フィリピン・ベトナム)(注1)

介護福祉士養成施設（2年以上）(注1)　介護施設等で就労・研修（3年以上）

【留学】介護福祉士養成施設（2年以上）(注1)　介護施設等で就労・研修（3年以上）

技能実習
受験（入国1年後）
受験（入国3年後）

介護福祉士国家試験(注2)

介護福祉士国家試験

（3年以上）
受験（入国5年後）

介護施設等で就労（通算5年間）【特定技能1号】

介護福祉士資格取得（登録）

【介護】介護福祉士資格取得（登録）

介護福祉士として業務従事

介護福祉士として業務従事

帰国

帰国

・家族（配偶者・子）の帯同が可能
・在留期間更新の回数制限なし

本国での技能等の活用

※【　】内は在留資格

(注1) 平成29年度より、養成施設卒業者も国家試験合格が必要となった。ただし、令和8年度までの卒業者には卒業後5年間の経過措置が設けられている。
(注2) 4年間にわたりEPA介護福祉士候補者として就労・研修に適切に従事したと認められる者については、「特定技能1号」への移行に当たり、技能試験及び日本語試験等を免除。

出典　厚生労働省（2017）

り、令和8年度（2026年度）の卒業生までは、卒業後5年間までは国家試験に合格しないでも、介護福祉士の資格を暫定的に得られることになっている。第四に介護福祉士の資格を得れば、在留期間を繰り返し延長でき、結果として日本に在留し続けることが可能になる、という諸点である。

　各制度における具体的な受入れ実績は、次のとおりである。まず、①のEPA介護福祉士候補者についてである。EPA介護福祉士候補者は、就労コースと就学コースに分かれるが、現実に実施されている就労コースの場合、各地の介護施設等において就労と研修を受けながら、国家資格の取得を目指すことになる。その意味では、就労と学修の両立が求められるハードな制度と評することができる。同制度においては、2019年10月1日現在、インドネシア、フィリピン、ベトナムの3カ国から、

5,063 名の介護福祉士候補者が受入れられ、985 名が国家資格を取得している（厚生労働省 2020d：115）。

　次に、②の在留資格（介護）は、2017 年 9 月 1 日より、就労ビザとして認められた新しい在留資格になる。該当人数は、18 人（2017 年末）→ 185 人（2018 年末）→ 592 人（2019 年末）→ 1,324 人（2020 年 6 月末）と、近年、急速に増加している（出入国在留管理庁 2021）。なお、同資格の創設により、介護福祉士養成施設へ入学する外国人留学生が急増することとなった。もっとも、コロナ禍に伴い、今後、そうした増加傾向がどのようになるかは未知数である。

　そして、③の技能実習制度（介護職種）は、2017 年 11 月 1 日、技能実習制度に介護職種が追加されたことに始まった新しい制度である。2019 年 11 月 30 日現在、介護職種における技能実習計画の申請件数は 8,249 件、認定件数は 6,719 件となっている（厚生労働省 2020d：117）。

　なお、④の特定技能 1 号／介護は、出入国管理及び難民認定法の一部を改正する法律が成立したことにより、2019 年 4 月 1 日から施行された制度である。前記②や③と同じく、これもまた新しい制度である。

2．特定技能 1 号／介護の含意と中核となる受入れ制度

　このように外国から日本に来て介護福祉士、もしくは介護福祉従事者としての就労を目指す場合、4 つの制度が併存しているわけだが、ここで気を付けるべきことがある。それは、特定技能 1 号を中心とする各種制度との連動性である【図 3-1】。

　たとえば、前述した③の技能実習制度（介護職種）の場合、介護分野の第 2 号技能実習（3 年間の在留が可能）を終えた人には、特定技能 1

号（5年間の在留が可能）への移行が可能となっている。その意味することは、在留期間の延長および介護技能評価試験と介護日本語評価試験の免除である。この場合、技能実習での3年間に加えて特定技能1号で5年間、総計で8年にわたって日本の介護施設で働くことが可能となる（ハンディネットワーク インターナショナル2021）。また技能実習（介護）で第3号まで行くと、基本的には日本で10年間働くことができる（北中2022）。

　また、①のEPA介護福祉士候補者としての在留期間（4年間）を満了した者や、②の在留資格（介護）における介護福祉士養成施設を修了した者についても、特定技能1号への移行にあたり試験が免除されている（厚生労働省2020d：118）。つまり、仮に介護福祉士養成施設を卒業した外国人留学生が、介護福祉士国家試験に合格できなかったとしても、特定技能1号／介護に移行することで、卒業後における日本での就労に支障は生じない、ということである。もっとも、介護福祉士養成施設を卒業しただけで、介護福祉士の国家資格が暫定的に得られるルールが繰り返し延長されてきたことから、養成施設卒業生に関しては、試験が不合格でも在留資格「介護」が取得できることになった。それ故、敢えて特定技能1号に切り替える者は、現実的には認められないと考えられる（ハンディネットワーク インターナショナル2021）。

　なお、こうした制度的特徴をEPAの観点から捉えた場合、理論矛盾した現実を見出すことができる。なぜなら、「EPA介護福祉士候補者は、あくまでも経済活動を通じた、国同士の連携強化を図ることが目的で、介護人材の不足を補充するための措置ではありません」となっているからである（日本福祉教育専門学校2021）。すなわち、建前上は「人材不足対策ではない」という名目で来日したEPA介護福祉士候補者らは、国家試験に不合格となることで、明確な人材不足対策としての特定技能1号／介護に移行する可能性が生じるのである（厚生労働省2020d：118）。

　こうした矛盾が指摘される状況だからこそ、これら4つの制度は全体として1つの包括的制度として捉える視座が重要になる。ただし現

【表3-1】介護福祉士養成施設の入学者数等の推移（表2-2を再掲）

	2016年度	2017年度	2018年度	2019年度	2020年度	2021年度
養成施設数（課程）	401	396	386	375	347	332
入学定員数（人）	16,704	15,891	15,506	14,387	13,659	13,040
入学者数（人）	7,752	7,258	6,856	6,982	7,048	7,183
定員充足率（%）	46.4	45.7	44.2	48.5	51.6	55.1
外国人留学生数（人）	257	591	1,142	2,037	2,395	2,189
離職者訓練受入数（人）	1,435	1,307	867	765	712	706
新卒者等（人）	6,060	5,360	4,847	4,180	3,941	4,288
留学生の出身国数	14	16	20	26	20	28

出典　公益社団法人 日本介護福祉士養成施設協会（2020a、2021d）

時点までの受入れ実績という意味で注目すべきは、前述した①の「EPA介護福祉士候補者」と、②の「介護福祉士養成施設で学んだ外国人留学生」である。このうち後者に関しては、【表3-1】（表2-2を再掲）に表されているように、外国人留学生数が急増していることが確認できる。

　もっともコロナ禍に伴い、外国人留学生の増加傾向が、今度どのようになるかは未知数である。これに関して、「日本語教育機関の概況」（各年度7月1日現在）によると、外国人留学生数の推移は、4万7,230人（2018年）→4万1,600人（2019年）→2万4,253人（2020年）と、コロナ禍以前と比して、この数年間で半減している（日本語教育振興協会2021）。よって、今後しばらくは、（コロナ禍前に、既に国内の日本語学校で学んでいた外国人留学生を除けば、海外から直接、介護福祉士養成施設に進学する）外国人留学生の増加は、安易に期待できない面もある。実際、【表3-1】にある2020年から2021年にかけての留学生数の減少（206人減）は、そうした推察の妥当性を示唆している

と考えられる。よってこの点に関しては、注視が必要となる。

3. 介護福祉士としての合格実績

　このように、外国人の人材確保策には複数あるところ、前記の受け入れ実績だけを鑑みれば、EPA 介護福祉士候補者（就労コース）と介護福祉士養成施設での外国人留学生としての受け入れが中心となっていることは明白である。とはいえ、受け入れることと、介護福祉士国家試験に合格することは、イコールではない。そこで本節では、国家試験の合格実績について概説する。

3.1　EPA 介護福祉士候補者の合格実績

　はじめに、介護福祉士国家試験合格者数（全体）と合格率の推移を【表3-2】に掲載する。これによると、日本人受験生を含む近年の合格率は、約 7 割であることが確認される。

　次に、EPA 介護福祉士候補者による介護福祉士国家試験合格者数等を【表3-3】として示す。

　ここで注目すべきは、EPA 介護福祉士候補者らの 2021 年度の国家試験合格率である。というのも、それは 2020 年との比較で 10 ポイントあまりも低下しているからである（46.2％→ 36.9％）。しかも、この 36.9％という合格率は、後述する介護福祉士養成施設で学んだ外国人留学生の 2021 年度の合格率（38.0％）よりも低くなっている。こうした現象は、従来には見られなかったものである。

　この EPA 介護福祉士候補者の合格率急落の原因が何であるかは、今後の研究課題となる。しかし、理由のいくつかは、およそ推察可能である。

【表3-2】介護福祉士国家試験合格者数（全体）と合格率の推移

年度	2015	2016	2017	2018	2019	2020	2021
合格者 (人)	88,300	55,031	65,574	69,736	58,745	59,975	60,099
合格率 (%)	57.9	72.1	70.8	73.7	69.9	71.0	72.3

出典　厚生労働省（2021b、2022a）

【表3-3】EPA介護福祉士候補者による国家試験合格者数等の推移

年度	実施試験	EPA介護福祉士候補者による介護福祉士国家試験合格者数	合格率
2018	第31回	266人	46.0%
2019	第32回	337人	44.5%
2020	第33回	440人	46.2%
2021	第34回	374人	36.9%

出典　厚生労働省（2021c、2021d、2022b）

その１つは、コロナ禍においても、介護施設等で働きながら資格取得を目指すという制度上の特徴に起因するものと推察される（【図3-1】の就労コースを参照）。すなわち、コロナ禍に伴い、EPA介護福祉士候補者が従来以上に施設での就労および感染対策等に時間を取られ、試験への対応が十分にできなかったのではないか、ということである。

　この点に関して補足すると、コロナ禍前のEPA介護福祉士候補者の受入れ施設内における１週間の平均学習時間は、6.5～6.8時間（2017年度～2020年度）の間を推移していた（国際厚生事業団2021a：18）。よって、この時点でも必ずしも十分な学習時間を確保できていたとはいえない。しかし、従来からの限られた学習時間が、コロナ禍による影響でさらに短くなったのであれば、国家試験の合格率が大幅に低下しても、何ら不思議ではないだろう。さらに、三密を避ける観点から、受入れ施設内で実施されていた学習会などが制限されたことも、合格率低下の一因になった可能性がある。

これに対して、介護福祉士養成施設を卒業した外国人留学生の場合、同じコロナ禍であっても、EPA 介護福祉士候補者よりも学習時間は確保しやすかったことが合理的に推察される。もちろん、コロナ禍に伴いオンライン教育が実施されたことにより、学習内容の理解促進という意味では、様々な困難があったことは間違いない。ただし、EPA 介護福祉士候補者らの困難は、それ以上のものであったということも想像に難くない。

　もっとも、EPA 介護福祉士候補者を語る上で、1 つ留意すべきことがある。それは、EPA 介護福祉士候補者の合格率は、事実上、二極化している、という点である。

　ここで【表 3-4】を参照して頂きたい。EPA 介護福祉士候補者は、インドネシア、フィリピン、ベトナムの 3 カ国から構成されているが、ベトナムの受験生の合格率（2020 年度：92.1％、2021 年度：83.9％）が群を抜いて高いことが分かる。こうした格差が生み出された要因は複合的であるが、その主因の 1 つと考えられているのは、日本入国時における語学力の差である。

　実は、EPA 候補者としての募集条件は、国ごとに異なっており、入国時に求められるベトナム人候補者の日本語レベル（N3 級）は、インドネシアやフィリピンの条件（N4 〜 N5 級）と比して、明らかに高く設定されている（日本福祉教育専門学校 2021。本章注（1）も参照）。

　このように、受け入れ時の日本語能力の実力差が、その後の学習理解に大きな影響を与えていることは想像に難くない。しかし、だからといってベトナムの事例に多くを期待することは現実的ではない。というのも、第 33 回（2020 年度）介護福祉士国家試験では 8 万 4,483 名が受験し、5 万 9,975 名が合格しているものの、EPA 介護福祉士候補者からの合格者数は 440 名（全合格者の中の 0.73％あまり）に過ぎないからである（厚生労働省 2021b、2021c）。こうした傾向は、2021 年度においても同様である。

【表 3-4】国別の EPA 介護福祉士候補者による国家試験合格者数等の推移

国名	2018 年度			2019 年度			2020 年度			2021 年度		
	受験者	合格者	合格率	受験者	合格者	合格率	受験者	合格者	合格率	受験者	合格者	合格率
インドネシア	236	78	33.1%	293	107	36.5%	400	146	36.5%	448	122	27.2%
フィリピン	236	95	40.3%	313	92	29.4%	375	130	34.7%	380	96	25.3%
ベトナム	106	93	87.7%	152	138	90.8%	178	164	92.1%	186	156	83.9%
全体	578	266	46.0%	758	337	44.5%	953	440	46.2%	1,014	374	36.9%

出典　厚生労働省（2021c、2021d、2022b、2022c）
［注］　なお、2008 年度～ 2017 年度までの累計合格者数は、インドネシア 470 人、フィリピン 333 人、ベトナム 182 人である。ただし、開始年度に違いがあるので、単純比較はできない。次を参照。公益社団法人 国際厚生事業団（2021b：38）。

【表 3-5】介護福祉士養成施設卒業生の国家試験合格者数と合格率（2020 年 3 月）

2020 年 3 月	卒業生数	左のうち国家試験受験者数	左のうち国家試験合格者数	合格率
卒業生	5,504 人	5,270 人	4,500 人	85.4%
うち外国人留学生数	836 人	757 人	297 人	39.2%

出典　日本介護福祉士養成施設協会（2020c）

【表 3-6】介護福祉士養成施設卒業生の国家試験合格者数と合格率（2021 年 3 月）

2021 年 3 月	卒業生数	左のうち国家試験受験者数	左のうち国家試験合格者数	合格率
卒業生	5,561 人	5,273 人	4,209 人	79.8%
うち外国人留学生数	1,471 人	1,353 人	514 人	38.0%

出典　日本介護福祉士養成施設協会（2021e）

3.2　介護福祉士養成施設を卒業した外国人留学生の合格率

　次に、在留資格「介護」の創設により急増した介護福祉士養成施設を卒業した外国人留学生の合格率を見てみると、その結果は【表 3-5】【表 3-6】のとおりである（2020 年度：39.2％→ 2021 年度：38.0％）。
　なお、ここまでの資料から、2020 年度の EPA 介護福祉士候補者から

の合格者数は440名、養成施設経由の外国人留学生の合格者数は297名であることが分かるため、同年の合格者は計737人となる。この737人という数字は、同年の合格者数全体（59,975人）の1.2%となる。また、2021年度の場合、同374人と514人で計888人となるが、全体に占める割合はやはり限定的である。

　もっとも、介護福祉士の合格者に占める外国人の割合は限定的でも、介護福祉士養成施設への入学生数に占める割合でいえば、【表3-1】から確認されるように、近年では約3割を占めている。その意味では、少なくとも現時点においては、福祉現場よりも教育現場にとって、外国人留学生の存在は大きなものであるといえよう。

4．介護福祉士養成施設卒業後の進路

　それでは、インドネシア、フィリピン、ベトナムのEPA介護福祉士候補者および介護福祉士養成施設の卒業生の進路は、どのようになっているのだろうか。

　まず、EPAに関しては、EPA介護福祉士候補者として、日本に滞在できる期間は4年と決まっているが、滞在最終年度（4年目）に介護福祉士試験に不合格だった場合でも、1年間の滞在延長が認められている（日本福祉教育専門学校2021）。この場合、試験結果次第ではあるものの、来日の目的を考えれば、資格取得者が介護福祉領域で継続就労する可能性が高いことは明白である。そうなると、実態把握の上で重要になるのは、養成施設経由の外国人留学生の進路である。この点に関しては、【表3-7】が最新の動向を表している。

　この【表3-7】に、前掲した【表3-5】にある2020年3月卒業の外国人留学生836人を当てはめると、優にその90%以上が、日本で介護

職種	2019年3月卒業生（人）			2020年3月卒業生（人）			2021年3月卒業生（人）		
	就職人数	うち訓練生数	うち外国人留学生数	就職人数	うち訓練生数	うち外国人留学生数	就職人数	うち訓練生数	うち外国人留学生数
介護老人福祉施設	2,710	338	182	2,643	239	363	2,565	193	634
介護老人保健施設	808	108	76	752	68	180	799	53	310
医療機関	250	50	29	216	23	63	304	37	140
自立支援施設	512	143	13	427	105	26	378	82	30
有料老人ホーム福祉関連企業	354	70	47	337	36	97	381	42	184
居宅サービス関連事業	547	197	28	505	137	81	527	133	135
児童福祉施設	123	6	1	87	13	0	140	8	1
社会福祉協議会 福祉事務所、公務員	144	28	0	112	21	2	82	14	0
保護施設（救護など）	17	4	0	15	2	0	11	5	0
その他（福祉分野以外）	232	34	4	162	14	8	129	15	4
合計	5,697	978	380	5,256	658	820	5,316	582	1,438

出典　日本介護福祉士養成施設協会（2020c、2021b、2021e）

福祉施設等の福祉分野に就職していることが確認できる。同じことは2021年3月卒業生でも当てはまる【表3-6】【表3-7】。こうした現実を鑑みれば、介護福祉士合格者全体に占める留学生の割合は限定的ではあるものの、彼らは試験結果の如何にかかわらず、ほぼそのまま介護福祉およびその関連領域に就職していることが分かる。しかもその数は、2019年から2020年の間に（その時の留学生卒業者数を反映して）376人から812人へと急増し、さらに2020年から2021度には1,434人へと増加している【表3-7】（福祉分野以外に進んだ人数を除く）。よって、介護福祉士養成施設の卒業生にとって、国家試験の不合格は就労機会の制限を意味しないのが実状であるといえる。

5.　介護福祉従事者としての評価

　このように、試験結果の如何にかかわらず、就労機会に恵まれるから
には、実質的に重要になるのは、彼ら彼女らの就労状況、すなわち、ス
テークホルダーからの評価である。そこで本節では、先行研究から、こ
の点について検証する。
　ただし、直前で紹介した調査結果は、介護福祉士養成施設の卒業を控
えている外国人留学生に対する調査である。よって厳密には、直後に述
べる外国人介護福祉従事者の現状を考察した論考における分析結果が、
今後の人材にも同様に当てはまるとは言い難い面もある。その点では、
留意が必要となる。とはいえ、後述する「高評価を生み出す（複数の）
要因」は、現在の養成施設で学ぶ外国人留学生にも当てはまる部分が多
いため、その意味では参考になるといえよう。

5.1　外国人介護福祉従事者に対する評価

　はじめに、介護福祉士養成施設出身者の就労評価である。これに関す
る先行研究は、いくつか認めることができる。ただし、就労状況、すな
わち「評価」という場合、「同僚からの評価」、「施設運営者からの評価」、
「利用者からの評価」、「利用者家族からの評価」など、それこそ多様な
立ち位置からの評価が想定される。よって、「評価」を整理する際には、
そうした「多角的な観点」からの評価を射程に入れることがポイントに
なる。
　この点、たとえば、「介護福祉士を目指す外国人留学生等に対する相
談支援等の体制整備事業アンケート調査 報告書」には、「平成 30 年 3
月に介護福祉士養成施設を卒業した在留資格『介護』の方の採用による
変化」として、「職場環境への影響」に関する調査結果が掲載されてい
る。これによると、「良い影響があった」は 25 件——具体的には、「良
い影響があった」が 17 件、「どちらかというと良い影響があった」が

8 件——である。これに対して、「どちらかというと悪い影響があった」、「悪い影響があった」は 0 件となっている（日本介護福祉士養成施設協会 2019：155）。これは「施設運営者側の評価」として捉えることができる。

　また、同資料によると、「利用者・家族からの反応」として、「良い」が 24 件——具体的には「良い」が 14 件、「概ね良い」が 10 件——に対して、「あまり良くない」や「良くない」は 0 件とする調査結果も掲載されている（日本介護福祉士養成施設協会 2019：156）。調査数の制約があるとはいえ、批判的な声が全く聞かれない点は注目すべきである。

　なお、同様の肯定的評価は、調査対象者数の多い他の先行資料からも見出すことができる。たとえば、平成 30（2018）年度 厚生労働省 老人保健健康増進等事業「外国人介護人材の受入れに関するアンケート調査」（平成 30 年 10 月 1 日時点調査）によると、外国人介護職員に対する利用者・家族の評価（n=886 人）は、満足（65.1％）、普通（24.8％）、満足できない（2.1％）、無回答（7.9％）となっていた（三菱 UFJ リサーチ 2019：5）。このように、「利用者・家族からの反応」は、前掲の評価同様、総じて肯定的なものとなっている。

　また、EPA 経由の外国人介護職員と働くことについてどう思うか、について同一施設に 3 年間、継続調査を実施した先行研究もある。それによると、「よい」と回答した職員は、「平成 27 年度 87％、同 28 年度 90％、同 29 年度は 90％」となっている（酒井良英ほか 2020：96）。さらに、少々古い資料になるが、伊藤鏡は EPA 制度による介護福祉士候補者として、インドネシアからの第一陣を受け入れた全 53 施設の施設長や指導責任者らに対して、「候補者が（3 年間の）研修修了時に日本人職員と同等の介護技術等を身につけているか否か」を問う調査を実施している。その結果、回答のあった 19 施設の施設長や指導責任者らの見解は、「評価項目 9 つのうち『衛生管理』『住民とのコミュニケーション』を除く 7 項目および総合評価において日本人職員を上回る評価」であった（伊藤鏡 2014：33）。3 年間という研修期間を経た評価であること、また、約 3 分の 1 の回答率という点には留意が必要である。

とはいえ、少なくとも先行研究のいくつかにおいては、養成施設経由であれ EPA 経由であれ、日本語を母語としない介護福祉従事者に対する評価は総じて高いといえる。

　もっとも、これらの先行研究を以て、留学生や外国人に対する肯定的な評価が、全体の主流になるとまではいい切れない。しかし、外国人介護福祉従事者らに対する肯定的な評価を生み出す素地が考えられないわけではない。すなわち、施設運営者、利用者、利用者家族、そして職場の日本人スタッフ（同僚）が、高評価を付与したいと思わせるだけのアドバンテージを有する外国人従事者の存在を、合理的に見出すことができる、ということである。その点については、次項で叙述する。

5.2　高評価を生み出す要因

　介護福祉現場におけるステークホルダーから、外国人介護福祉従事者らが高評価を受ける理由とは何であろうか。それは次の 4 項目を満たすケースを、彼ら彼女らの中に一定程度（具体的には、後述するように 3 割程度）見出せるからだと推察される。それらは順に、①介護福祉士養成施設入学時における高学歴層、②介護福祉領域に隣接する看護系有資格者、③就職前時点において相応の日本語運用能力を有する者、④来日後の介護福祉現場経験が豊かな者、である。

　はじめに、①の「高学歴層の存在」に関することである。

　「外国人介護人材の質の向上等に資する学習支援等調査研究事業 報告書」（日本介護福祉士養成施設協会 2021a）には、複数のアンケート調査結果が紹介されているが、その中の 1 つに「留学生へのアンケート調査」がある。

　同調査の概要は、実施期間：2020 年 11 月 9 日〜 11 月 23 日、実施対象：全国の養成施設に所属する卒業年度の留学生悉皆（当該年度卒業予定の外国人留学生計 2,009 名）、有効回答数：1,011 名（50.3％）、などとなっている（日本介護福祉士養成施設協会 2021a：9）。その中には、次の問いと、それに対する結果が記載されている。なお、これ以降の質問文

は、その趣旨を変えない限りにおいて、簡略化していることを、申し添えておく。

　【質問】あなたの母国における最終学歴について教えてください。
　【結果】「高等学校未満」（4.1％）、「高等学校」（32.3％）、「短期大学・専門学校」（39.0％）、「大学・大学院」（24.6％）。（有効回答＝1,011）。（日本介護福祉士養成施設協会 2021a：24）

　このように、回答者のおよそ 4 人に 1 人は「大卒」の状態で、日本の養成校で学んでいるのが実状である。こうなると、高卒から直ぐに専門学校や大学などの養成施設で学ぶ日本人学生よりも、学歴、すなわち基礎学力という意味においては、有利な面があるといえよう。
　次に、②の「福祉に隣接する資格の有無」に関しては、次の問いと回答が明記されている。

　【質問】あなたは、母国において、看護系の資格（看護師など）を有していますか。
　【結果】看護系の資格を「持っている」は 28.7％。「持っていない」は 71.3％（有効回答＝1,011）。（日本介護福祉士養成施設協会 2021a：25）

　看護系資格とはいっても、日本にも看護師とともに、准看護師などの資格が存在するように、資格の程度は多様である。しかし、日本という異国で介護を学ぶ際、介護と重複する部分もある看護領域の資格を有する者が約 4 分の 1 存在するという事実は注目して良い。すなわち、言葉の壁や文化的差異などを別にすれば、これから介護を学ぶ日本人学生よりも、前記の学歴と同様に、基礎知識の面では有利になる部分があるといえよう。
　そして、③の「日本語運用能力の高さ」に関しては、次のようになっている[1]。

【質問】あなたは、現時点（2020年9月1日）において、日本語能力試験（JLPT）のどのレベルに合格していますか。
【結果】「日本語能力試験N2に合格している」は30.4％。「N1に合格している」は2.8％。（有効回答=976）。（日本介護福祉士養成施設協会2021a：24）

　ここでN2に合格している、という条件に注目する理由は、日本介護福祉士養成施設協会による「外国人留学生受け入れに関するガイドライン（留意事項)」（平成29年3月18日改正 理事会決定）の中で、「原則として、（公財）日本国際教育支援協会等が実施する日本語能力試験でN2以上に合格した者」と示していることにある（日本介護福祉士養成施設協会2017）。換言すれば、N2相当の語学力があれば、日本語での講義等を受講する上で、大きな支障にはならない可能性が高い、ということである。
　誤解のないように明記しておくが、このガイドラインにあるN2は、留学生の「受け入れ時」に関するガイドラインである。これに対して、前掲したアンケート調査結果は、当該年度卒業予定の外国人留学生を対象にしたものである。すなわち、「就職前の段階」で、N2以上の合格者が全体の3分の1になっている、ということである。
　換言すれば、このおよそ3割の就職予備軍は、介護福祉士国家試験に合格する可能性が（言語運用能力の観点からは）高くなるであろう、ということである。実際、2020年度の養成施設経由の国家試験合格率（外国人）は39.2％と、先の3割という値からは大きく外れていない。ただし、外国人留学生がN2に合格していたとしても、合格ラインは180点満点の90点となっており、合格者の得点範囲には最大で2倍の差がある。それ故、N2合格とはいっても、日本語能力には相当の個人差があることは理解しておく必要がある（嶋田2019：60-61）。
　最後は、④の「来日後の介護福祉現場経験の蓄積」である。
　外国人留学生はもちろん、日本人学生も生活のためにアルバイトをせ

ざるを得ないケースが常態化している。とはいえ、このアンケートの調査対象者である外国人留学生は、日本人学生同様、自らアルバイト先を選択することはできる。その前提を踏まえると、次の現実には興味深いものがある。

　　【質問】あなたは、どこでアルバイトをしていますか。
　　【結果】「介護施設だけでアルバイトをしている」が72.1％。「介護施設ではないところのみでアルバイトをしている」が14.6％。「介護施設でもアルバイトをしているし、そのほかのところでもアルバイトをしている」は7.9％。（有効回答=1,004）。（日本介護福祉士養成施設協会2021a：28）

　すなわち、全体の80％は、介護福祉施設での現場経験を蓄積している、ということである。同様の調査を日本人学生に対して行ったというデータは見当たらないものの、これだけ高い割合で、外国人留学生が介護現場での経験をしている点は、注目に値しよう。
　こうした現実がある以上、語学力の面ではハンディがあるのは事実としても、介護経験値という意味では、外国人留学生の方が勝っている面があると評することはできよう。実際、それを示唆する次のデータがある。

　　【質問】あなたが介護施設でアルバイトをして、どういった学びがありましたか（複数回答）。
　　【結果】「介護技術（介助方法）について理解できるようになった」が69.8％。「介護が必要な人について理解できるようになった」が62.7％。「介護現場で起こることが理解できるようになった」が62.5％。（有効回答=791）。（日本介護福祉士養成施設協会2021a：32）

　このように、①介護福祉士養成施設入学時における高学歴層の存在

（約 4 分の 1）、②介護福祉領域に隣接する看護系有資格者の存在（約 4 分の 1）、③就職前時点において一定以上の日本語運用能力を有する者の存在（約 3 割）、④来日後、相応の介護福祉の現場経験を有する者の存在（約 8 割）という 4 つの要素の全て、もしくはそのいくつかが満たされることで、就労時の評価が高くなっていることが、合理的に推察されるのである。ただし、こうしたハイスペック層が存在する一方で、およそ 10 人に 1 人の外国人留学生は、介護福祉士養成施設の授業を理解できていないのも実情である（日本介護福祉士養成施設協会 2019：54）。その意味では、外国人留学生の間における質的格差は顕著だといえよう。

　なお、EPA 経由の者に関しては、2020 年度の国家試験における合格率（46.2%）は、介護福祉士養成施設を卒業した外国人留学生の合格率（39.2%）よりも明らかに高い。よって、平均的な学力水準は、養成施設経由の卒業生よりも高いといえよう[2]。それは当然、高い評価に連動しやすい。先の伊藤の論考は、そうした認識の妥当性を示唆するものと捉えることができる（伊藤鏡 2014）。

6.　人材育成と人材確保の非連動性

　ここまでの検証を踏まえた場合、いかに介護福祉士合格者全体に占める外国人の割合が限定的であるとはいえ、いわゆるハイスペック型の外国人留学生や EPA を介した外国人の受け入れ枠を増やすことで、思いの外、人材確保の一翼を担えるのではないか、とする見解が導かれても不思議ではない。しかし筆者は、こうした見解には与することができない。

　その最大の理由は、日本人の不足分を補える程の人材確保策は非現実

的であると同時に、介護福祉というエッセンシャルワーカーに対する抜本的な待遇改善を置き去りにしたままでの外国人材への依存に対する違和感にある。また、それに付随する別な事由もある。

　実は、仮に外国人材の育成に力を入れ、優秀な人材を生み出したとしても、それが必ずしも「人材確保に直結しない」という非連動性が認められるからである。その歪な現実を明らかにした論考の１つが「外国人介護職員の受入れをめぐる地方の課題について——高知県における日本語学習支援を中心に」（佐野 2020）である。当該論文から、その中核になる部分を紹介する。なお〔　　〕部分は、筆者による追加挿入である。

> EPA 介護福祉士候補者の受入れについては、就労希望者と受入れ希望機関の意向がそれぞれ取りまとめられ、マッチングが実施される。しかし近年は特に就労希望者数に対して受入れ希望機関数が圧倒的に多い。更に〔高知県のような〕地方の場合は、賃金水準の低さや、一時帰国の際のアクセスの悪さ、生活の不便さ等により、都市部に比べ条件的に不利である。したがって、学習支援を充実させるなど大きなセールスポイントがなければ、〔高知県での〕受入れは非常に厳しい状況にある。しかし当然のことながら、学習支援を手厚くすれば、そのための費用は大きくなり、Ａ法人では国からの支援だけでは、全く足りない状況だという。ところが、このように多大な費用と労力をかけて学習支援を行っているにもかかわらず、Ａ社会福祉法人では、これまで介護福祉士国家試験に合格した EPA 介護福祉士候補者は、帰国、または関東地方の施設へ移ってしまい、当施設に残るものは１人もいなかった（受験前に帰国し未受験の候補者もいる）。Ｂ医療法人、Ｃ医療法人についても、合格者は全員他県へ移住している。（佐野 2020：10）

　優秀な外国人を確保する誘因として、地方の福祉施設は学習支援に力を入れてきた。その結果は、介護福祉士国家試験の合格という形に結実

した。しかし試験に合格し、日本での更なる滞在が可能となった時点で、育て上げた人材は、都市部へ流出する傾向が常態化している。その結果、地方の福祉施設では、受け入れ人材の学習支援に対するモチベーションの低下が起こっている（佐野 2020：11）。このように、地方では「優秀な介護福祉領域の人材育成」を実施することが、「必ずしも、優秀な人材確保に連動しない」という非連動性の現実に直面している。利を得るのは、あくまでも都市部である。

　また、そもそも「EPA での外国人介護福祉士候補者を受け入れて 10 年たつが、国家資格取得後、帰国者が多く、その後は職員として就労していても、結果的に帰国してしまう人が 90％以上になっている。」との指摘が認められる（定松 2019：41）。加えて、近年の急速な円安により、日本において介護福祉従事者として就労することの経済的メリットが低下している。とりわけ、母国への送金時における貨幣価値の著しい下落が顕著となっている（広島ホームテレビ 2022）。これは当然、彼ら彼女らの日本以外での就労を促すものである。

　さらに、そもそも地方では、優秀な外国人介護福祉従事者を確保するという発想以前に、都市部以上に人材確保が最優先という現実もある。その結果、青森県東部及び岩手県北部地域の介護保険施設を対象とした調査では、「『採用にあたり介護福祉資格を有していることを重視していない』と回答した施設は、40 施設中 15 施設（37.5％）」も認められた（赤羽ほか 2020：21-22）。いわゆる無資格者による対応は都市部でもみられることだが、そもそも「国家資格を重視していない」という積極的な非重視派が 3 分の 1 以上を占める現実は、地方における人材確保の難しさを可視化させているといえよう。その意味でも、現状改善の基軸となるのは、日本人が働きたいと思えるだけの待遇改善策の実施となる。

7．近年の介護労働政策の展開とその含意

ここまでに、介護福祉士を目指す養成施設の外国人留学生、EPA 経由の外国人介護福祉士候補者、そして外国人介護福祉従事者に関する現状を、過去数年間に公表された先行研究等を中心に概説した。それでは、こうした外国人介護労働（候補）者の増加が、職場で圧倒的多数を占める日本人介護福祉従事者の労働条件に、どのような影響を及ぼすのであろうか。これに関しては、いくつかのシナリオが想定される。しかし、わが国において外国人介護福祉従事者が増加しているとはいえ、介護福祉従事者全体に占める割合でみれば極めて限定的である。その意味でも、彼ら彼女らの存在が日本人介護福祉従事者を含む労働条件全般、たとえば賃金に与える影響などを具体的に論じることは（少なくとも現時点では）困難である。

　ただし、日本人介護福祉従事者が多数を占める状況下において、従来同様、抜本的な待遇改善がなされないようであれば、外国人介護福祉従事者の増加がプラスに作用するとは考え難い。こうした認識の妥当性を検証する上での一助となるのは、近年の介護福祉分野における国の政策の動向である。具体的には、「ICT 化の促進」、「多様な介護人材確保政策」、そして「低位の資格創設」である。

　はじめに、ICT 化を中心とした国の介護労働政策について述べる。

　国は介護福祉分野における ICT 化の推進が、労働の効率化や専門性の向上に資するとのスタンスを表明している。しかし、そこには議論の余地がある。たとえば、国は ICT 化を進めると同時に、「『厚生労働大臣が定める夜勤を行う職員の勤務条件に関する基準』のテクノロジーを導入する場合の夜間の人員配置基準における留意点について」（2021 年 3月 16 日）を示し、「サービスの質を確保したうえで、人員配置基準を緩和する」という方針を明示している（厚生労働省 2021e）。また、そうした政策と一体化する形で、介護保険の報酬改定では、「機器や ICTの活用による職員配置基準の緩和、兼務や常勤、常勤換算の要件緩和」（全国福祉保育労働組合 2021）なども示されることとなった。

前記のとおり、国としては、「サービスの質を確保したうえで、人員配置基準を緩和する」との立場である。しかし、介護サービスの情報を収集し、「科学的に裏打ちされた介護」を指向するわが国の施策——具体的には、2021年4月より開始した「科学的介護情報システム」——は、そのデータの活用次第では、たとえば、多くの現場で非常勤に依拠している現状を「標準」とみなし、それを是認するツールともなり得る。もちろん、不安定雇用者をベースにした過重労働を固定化しかねない状況が生み出された場合、それが「労働条件の改善」や「専門性の向上」に資する要因になるとは考え難い。

　こうした筆者の懸念の根底にあるのは、「多様な介護人材確保」を指向するわが国の政策である。

　厚生労働省社会・援護局福祉基盤課 福祉人材確保対策室は「介護人材確保の総合的・計画的な推進——『まんじゅう型』から『富士山型』へ」（2015年8月20日）を公表している（厚生労働省 2015a）。厚生労働省の立場とすれば、同政策は、人材確保はもちろん、認定介護福祉士を含む介護福祉人材の高度化にも資する面がある、ということになる。しかし、前記のような労働条件の悪化に作用し得る施策と、本政策とを一体的に捉えたならば、全国福祉保育労働組合による評価、すなわち、「一部の『専門性の高い人材』のもとにすそ野広く、安い賃金で働く『多様な人材』を確保することがねらい」であり、「専門性が低くても現場で対応できるように、業務の効率化と福祉サービスの標準化・画一化がすすめられています」（全国福祉保育労働組合 2021）との見解を否定することは困難であろう。

　実際、こうした否定的な評価に沿うのが、介護福祉士の「低位資格の創設」である。これに該当するのは、2022年度から本格的に実施された「准介護福祉士[3]」制度である（日本介護福祉士養成施設協会 2021c）。准介護福祉士とは、2年以上の介護福祉士養成施設を卒業後、介護福祉士の国家試験を受験しなかった人、あるいは国家試験を受験したものの不合格となった人に与えられる資格とされている。当然ながら、こうした低位資格の導入が、介護福祉従事者の賃金の底上げにプラスに

作用するとは考えにくい。さらに、社会福祉法等一部改正法が成立（2020年6月5日）し、介護福祉士養成施設卒業者への国家試験義務付けの経過措置の延長が決定したことなども（厚生労働省 2020e）、同様の文脈から捉えることができよう。このような国の政策を鑑みれば、外国人介護福祉従事者の増加は、「多様な人材の確保」という文脈で捉えることは可能だが、それが現状の労働環境や労働条件の改善に寄与するとは期待し難いと評することが妥当である。

小括

　本章では、わが国において介護福祉士を目指す外国人留学生の現状と外国人介護福祉従事者への評価を基軸に置き、最終的には（日本人介護福祉従事者を含む）今後の労働環境の展開とその含意について叙述した。導き出された知見はいくつもあるが、特に重要になるのは、次の3点である。それらは順に、（ⅰ）わが国に来日した外国人で、介護福祉士を目指す者のうちの一定数は、優秀な介護福祉従事者になり得る条件を備えている、（ⅱ）しかし、全体の必要人数を鑑みたとき、基本的には日本人にとって魅力ある職種になるような相応の待遇改善策が必要になる、（ⅲ）介護福祉の労働環境に影響を与える国の施策は、外国人介護福祉従事者増大の如何にかかわらず、労働環境の改善に資するとは言い難い側面を内包している、である。

　なお、（ⅱ）に関しては、介護福祉士の資格を持っていながら介護・福祉の仕事をしていない「潜在介護福祉士」の数が 120,743 人とする調査結果がある（社会福祉振興・試験センター 2021a）。よって、人材確保に資する改善策には、離職者の抑制もさることながら、潜在介護福祉士の掘り起こしを視野に入れた施策が重要になる。その際、同調査結果によると、「今後、仕事で重視すること」（複数回答）としては、介護福祉士有資格者による回答の上位3位までが、「心身の健康状態の維持」（71.5%）、「職場の雰囲気や人間関係」（71.3%）、「給与や賃金の水準」

（69.9％）と、ほぼ70％を占めており、さらに「最も重視すること」（単数回答）では「給与や賃金の水準」（23.0％）が最上位となっている（社会福祉振興・試験センター 2021a）。

　以上の点を鑑みたとき、離職者を生み出さないための努力と並行して、潜在介護福祉士の掘り起こしも視野に入れた人材確保のためには、給与の改善だけでなく、ゆとりある職員配置基準の設定など、労働条件を抜本的に改善することで、結果として「心身の健康状態の維持」や「職場の雰囲気や人間関係」に対する負担を軽減することが、現実的な手順になるだろう。もちろん、そうした問題の特性上、それらの施策は福祉施設単位で実施することは容易ではないため、公的施策としての実施が必須になる。

　換言すれば、介護福祉士を目指す外国人留学生や外国人介護福祉従事者が増加するか否かにかかわらず、給与の改善やゆとりある職員配置基準を設定するなど、労働条件を抜本的に改善する上での公的責任に対する問い直しを強めるべきである。外国人介護労働（候補）者の増加は、単にマンパワー的な観点から論じられるものではなく、介護福祉分野における公的責任を再確認させる存在でもあるといえよう。

[注]
(1)　日本語能力試験（JLPT）とは、独立行政法人国際交流基金と財団法人日本国際教育支援協会が運営する試験である。同試験には N1、N2、N3、N4、N5 の 5 つのレベルがあり、N1 が最も難関であり、数値が上がるにつれて難易度は下がる。具体的には、次のとおりである。N1（幅広い場面で使われる日本語を理解することができる）、N2（日常的な場面で使われる日本語の理解に加わえ、より幅広い場面で使われる日本語をある程度理解することができる）、N3（日常的な場面で使われる日本語をある程度理解することができる）、N4（基本的な日本語を理解することができる）、N5（基本的な日本語をある程度理解することができる）。次を参照。日本語能力試験（JLPT）「N1 〜 N5：認定の目安」(https://www.jlpt.jp/about/levelsummary.html,2021.8.24)
(2)　ただし、2021 年度の EPA 介護福祉士候補者の国家試験合格率は急落している。その原因に関しては、コロナ禍による影響など複合的なものがあると想定される

が、現時点での詳細は、はっきりしていない。

（3）　准介護福祉士に関しては、「社会福祉士及び介護福祉士法」附則の「准介護
福祉士」を参照のこと。（https://elaws.e-gov.go.jp/document?lawid=362
AC0000000030,2022.6.21）

第 4 章

介護福祉士の倫理綱領・倫理基準（行動規範）改定の必要性

——ソーシャルワーカーの倫理綱領・行動規範との比較検証——

本章の目的

　本章の目的は、介護福祉士をケアワーカーとしてのみならず、ソーシャルワーカーとしても認識するのであれば、介護福祉士の倫理綱領・倫理基準（行動規範）の改定が必要になるとする見解の妥当性を明らかにすることである。このような課題を設定した理由は、わが国の介護福祉士は、ソーシャルワーカーではなく、ケアワーカーとして別扱いされていることに起因する。事実、日本ソーシャルワーカー連盟の会員は、公益社団法人　日本社会福祉士会、公益社団法人　日本精神保健福祉士協会、公益社団法人　日本医療ソーシャルワーカー協会、特定非営利活動法人日本ソーシャルワーカー協会であり、介護福祉系団体は含まれていない（2021 年 4 月時点）。これに対して筆者は、介護福祉士は、ケアワーカーであるだけでなく、ソーシャルワーカーとしても認識されるべきだ、という見解を支持している。

　こうした問題意識を踏まえ、本章の枠組みを次のとおり設定した。それらは順に、（1）介護福祉士の倫理綱領と倫理基準（行動規範）の基礎的特徴、（2）ソーシャルワーカーの倫理綱領と行動規範の基礎的特徴、（3）前記 2 つの比較検証、（4）法の定義と養成教育、および倫理綱領との乖離、（5）ソーシャルワークとケアワークを分離しない包括モデルの再評価、（6）包括モデルに依拠したソーシャルアクションおよび社会変革の重視、である。

　以上の検証を経て、介護福祉士の倫理綱領と倫理基準（行動規範）を

改定すべきとの見解の妥当性を確認する。

1. 日本介護福祉士会の倫理綱領と倫理基準（行動規範）の基礎的特徴

　わが国の介護福祉士は、「社会福祉士及び介護福祉士法」（1987 年）によって制定されたが、日本介護福祉士会の倫理綱領は、その 8 年後の 1995 年 11 月 17 日に宣言されている。その内容は、前文の後、「利用者本位、自立支援」、「専門的サービスの提供」、「プライバシーの保護」、「総合的サービスの提供と積極的な連携、協力」、「利用者ニーズの代弁」、「地域福祉の推進」、「後継者の育成」という 7 つのカテゴリーから構成されている。また、その具体的な内容を示す観点から、倫理基準（行動規範）が付記されている（日本介護福祉士会 1995a、1995b）。

　同倫理綱領および倫理基準（行動規範）は、宣言から四半世紀以上が経過した 2021 年 12 月時点まで、一度の改定もなされていない。そして、それ程までに金科玉条的な位置づけになっていることの反映ともいえるのか、介護福祉士の倫理綱領に関する先行研究は非常に限定的である。実際、CiNii Articles（現 CiNii Research）による論文検索（2021 年 12 月 10 日時点）を実施すると、タイトルに「介護福祉士」と「倫理綱領」を含む論考はわずか 1 篇のみである（織田 2021）。また、論文の要旨なども検索対象となるフリーワード機能を用いて検索しても、該当する先行研究は 6 篇にとどまっている。

　なお、前記フリーワード検索の結果、介護福祉士を含む複数の医療福祉専門職の倫理綱領を分析対象とすることで、「専門職間相互の連携をはかった倫理綱領の策定」が必要になるとの論考が認められた（橋本 2000：25、30）。ただし、それは医療福祉専門職間の相互連携を促すような倫理綱領を意図した提言であり、介護福祉士の倫理綱領・倫理基

【表 4-1】CiNii Articles を用いた「介護福祉士」と「倫理綱領」の組み合わせによるフリーワード検索結果（2021.12.10 時点）

織田なおみ（2021）「特別養護老人ホームにおける新人介護福祉士の実践と養成教育の課題――倫理綱領遵守の観点から」『北海道医療大学看護福祉学部学会誌』17（1）、23-34 頁。
安本真人（2020）「社会福祉士とは何か？――求められる専門職についての考察」『福祉と人間科学』31、43-56 頁。
金井直子（2017）「介護福祉士の倫理に基づく実践のあり方に関する考察――障害者支援の実践者へのインタビューを通して」『田園調布学園大学紀要』11、309-318 頁。
泉妙子（2014）「介護福祉士の職務エンパワメント評価と課題」『神戸女子大学健康福祉学部紀要』6、1-13 頁。
加藤友野（2012）「介護福祉士の専門性に関する研究――『求められる介護福祉士像』から見る現状と課題」『総合福祉科学研究』3、105-118 頁。
橋本勇人（2000）「医療福祉施設職員のアドボカシー機能に関する研究――医療福祉専門職の倫理綱領の比較を通して」『川崎医療福祉学会誌』10（1）、25-32 頁。

準（行動規範）それ自体の改定を意図しているわけではない【表 4-1】。

　こうした現状を踏まえた上で、次に日本介護福祉士会の倫理綱領および倫理基準（行動規範）の大枠的特徴について概説する。

　紙幅の関係上、同綱領および基準（行動規範）そのものの掲載は控えるが、いずれにしても、それらは価値規範であるため、当然ながら価値に対する評価は、論者によって異なる可能性がある。

　それ故、こうした価値規範を取り扱う場合、それが全体的にどのような特徴を有するのかについては、分析結果を再現性のある手法によって検証することが望ましい。そこで、倫理綱領と倫理基準（行動規範）の文章を一体化したテキストデータを、KH Coder による多次元尺度構成法により図化することで、その特徴を可視化させることにした。分析手法は、次のとおりである。

　まず、倫理綱領と倫理基準（行動規範）の全文字を、Text データで保存した。その後、「KH Coder（Version 3 を使用）による読み込み」

→「前処理として、形態素解析と分かち書き処理」→「総抽出語数、異なり語数等の基本情報把握」→「語の最少出現数等の条件設定」→「多次元尺度構成法による図化」という手順を採用した。

その結果、総抽出語数は 1,538、異なり語数は 333 となった。次に、語の最少出現数を 3 回以上と設定し、前記の分析手法を当てはめた。この場合、布置される語の数は 60、クラスターは 8 つとなった。

第 1 章第 3 節でも指摘したように、多次元尺度構成法においては、「多次元尺度構成法の中心に近く、周辺の上下左右の認識とほぼ同じような距離である」場合、図の中央部分に配置される語に注目することは、全体における語の重要性を把握する際の 1 つの手段となる（赤堀ほか 2020：172,176）。もっともこれも前記のとおり、布置される語の数は 60 にのぼっている。よって、実際に図化した場合、視覚的に見にくい部分が生じることになる。そこで多次元尺度構成法による図化を実施した場合のポイントを記すと、「介護」と「福祉」が図の中央に布置されるのは当然としても、「利用」、「ニーズ」、「サービス」、「提供」、「地域」、「社会」などが頻出語であると同時に、中央付近に布置されていることが注目される。言葉の組み合わせとしては、「利用者ニーズ」、「サービスの提供」、「地域社会」などが想定され、現にこれらの言葉が、介護福祉士の倫理綱領と倫理基準（行動規範）を象徴するキーワードになっていることが理解されよう。

2．ソーシャルワーカーの倫理綱領と行動規範の基礎的特徴

次に、ソーシャルワーカーの倫理綱領と行動規範について概説する。

ソーシャルワーカーの倫理綱領は、介護福祉士の倫理綱領と同じく1995 年に採択されている。そして、2005 年と 2020 年に大きな改定

を経て、今日に至っている（日本社会福祉士会 2020）。また、行動規範に関しては、その最新版は 2021 年 3 月の採択となっている（日本社会福祉士会 2021）。

　四半世紀以上にわたり無改定の状況が続く介護福祉士の倫理綱領と倫理基準（行動規範）とは異なり、時代に即してバージョンアップを繰り返しているソーシャルワーカーの倫理綱領と行動規範は、当然ながら分析対象としての注目度を高めることになる。実際、CiNii Articles による論文検索（2021 年 12 月 10 日時点）を用いた場合、タイトルに「ソーシャルワーカー」と「倫理綱領」を含む論考は 15 篇、フリーワード検索の場合は 32 篇が該当する。これらの数値は、介護福祉士の倫理綱領に関する先行研究数（前記のとおり、同条件で 1 篇と 6 篇）より、明らかに多いことが分かる。

　こうした違いを踏まえた上で、ソーシャルワーカーの倫理綱領・行動規範を、前述した介護福祉士の倫理綱領と倫理基準（行動規範）の分析手法と同じように多次元尺度構成法で可視化することとした。なお、総抽出語数は 6,632、異なり語数は 752 である。すなわちこの段階で、介護福祉士の倫理綱領・倫理基準（行動規範）は、ソーシャルワーカーの倫理綱領や行動規範と比べて、文字数が少ないことが理解される。

　そして前記同様、多次元尺度構成法による図化を実施した場合のポイントを記すと、ソーシャルワーカーの倫理綱領と行動規範を一体化した分析において、その中核に位置する言葉は、「社会」「福祉」「専門」であることは想定内としても、その上で、現状改善に資することが想定される言葉、具体的には「正義、人権、環境、働きかける」などが見られることは、後述するソーシャルアクションや社会変革との絡みからも注目される。また、他国のソーシャルワーカーとの連携を意識し、国内情勢はもとより、国際情勢にも注意を払うことを示唆する言葉、具体的には「ソーシャルワーク、グローバル、研究」などの抽出語群も注目されよう。実際、これらの抽出語群は、同様の手法で介護福祉士の倫理綱領や倫理基準（行動規範）を図化した分析結果とは大きな違いである。

3. 介護福祉士とソーシャルワーカーの倫理綱領・行動規範とにみられる差異

　ここまでに、2つの倫理綱領と行動規範の大枠的な特徴を叙述した。次に、両者の差異について「対象者」、「活動範囲」、「ソーシャルアクションに対する親和性」の観点から概説する。

3.1　対象者の差異

　1つ目の差異は、「対象者」に関することである。

　介護福祉士の倫理綱領と倫理基準（行動規範）の双方には、「利用者ニーズの代行」という表現が用いられている。この場合、「ニーズを有する者」が対象になっているのではなく、「利用者ニーズ」となっている点がポイントである。というのも、経済的な理由から、介護サービスの利用を抑制せざるを得ない人の場合、ニーズがあっても利用者にはなり得ないからである。すなわち、「利用者ニーズ」という言葉には、そうした利用抑制者らの存在は、少なくとも第一義的には想定されていないことになる。

　もっとも、日本介護福祉士会の倫理綱領と倫理基準（行動規範）は、介護保険制度導入前の1995年11月に宣言されたものである。その意味では、措置制度時代の「利用者」を前提とした表現であるため、介護福祉領域の市場化が進み、措置制度から契約制度へと移行した現在の「利用者」を想定したものではない。しかし、そうであるのなら、前制度では同じ「利用者」とされていたものの、現在の制度下では「零れ落ちる人々（ニーズは有するものの、経済的なゆとりがないため利用者にはなれない人々）」の存在に、より明示的な倫理綱領への変更が必要になるのではなかろうか。

これに対して、「ソーシャルワーカーの倫理綱領」には、次の一文がある（日本ソーシャルワーカー連盟 2020）。

　　　注3　本綱領にいう「クライエント」とは、「ソーシャルワーク専
　　　門職のグローバル定義」に照らし、ソーシャルワーカーに支援を
　　　求める人々、ソーシャルワークが必要な人々および変革や開発、
　　　結束の必要な社会に含まれるすべての人々をさす。

　実は、最新のソーシャルワーカーの倫理綱領の場合、「ソーシャルワーカーに支援を求める人々、ソーシャルワークが必要な人々および……中略……すべての人々をさす」とあるように、ソーシャルワーカーの対象として倫理綱領に挙げられているのは、サービス利用者に限定されているわけではない。当然ながら、現実レベルは別に論じるべきであるが、少なくとも理念上は、ソーシャルワーカーの倫理綱領には、利用抑制者の存在が含まれることになる。
　誤解のないように記しておくが、介護福祉士の倫理綱領においても、利用者のみが注目されているわけでない。実際、倫理綱領の前文には、次の文章がある（下線は筆者による強調である）（日本介護福祉士会 1995a）。

　　　私たち介護福祉士は、<u>介護福祉ニーズを有するすべての人々</u>が、
　　　住み慣れた地域において安心して老いることができ、そして暮ら
　　　し続けていくことのできる社会の実現を願っています。

　しかし、同倫理綱領の内容を具体的に述べた倫理基準（行動規範）の部分では、「すべての人々」という趣旨の表現は見出すことはできない。そこに見出せるのは、あくまでも「利用者」である。

3.2　活動範囲等の差異

こうした対象者の違いがあれば、当然ながら、利用者に対してはもちろん、利用したくても経済的な理由から必要なサービスを利用できない人たちの存在に、どのように向き合い、対応すべきかという点で――少なくとも、措置制度ではなく、契約制度の側面が強い現行制度下における解釈からは――温度差が生じることになる。これを別な観点から表現すれば、前述した対象者の差異は、活動範囲や活動内容においても違いを生み出すことになる、ということである。

　日本介護福祉士会の倫理綱領と倫理基準（行動規範）には、「地域福祉の推進」という項目が認められる。この段階で、活動の射程が「（対人援助の）現場から地域」までに収斂されやすいことが窺える。その上で、倫理基準（行動規範）には、次の文章がある（日本介護福祉士 1995b）。なお、下線部分は、筆者による強調部分である。

　（利用者ニーズの代弁）
　　介護福祉士は、<u>利用者</u>が<u>望む福祉サービスを適切に受けられる</u>ように権利を擁護し、<u>ニーズを代弁</u>していきます。
　　介護福祉士は、社会にみられる不正義の改善と<u>利用者の問題解決</u>のために、利用者や他の専門職と連帯し、専門的な視点と効果的な方法により<u>社会に働きかけます</u>。

　これに対して、「ソーシャルワーカーの倫理綱領」には、その「倫理基準」の「Ⅲ　社会に対する倫理責任」の部分に、次の3項目が認められる（日本ソーシャルワーカー連盟　2020）。なお、下線部分は筆者による。

　1.　（ソーシャル・インクルージョン）ソーシャルワーカーは、あらゆる差別、貧困、抑圧、排除、無関心、暴力、環境破壊などに立ち向かい、<u>包摂的な社会</u>をめざす。
　2.　（社会への働きかけ）ソーシャルワーカーは、人権と社会正義の増進において変革と開発が必要であるとみなすとき、人々の主体性を活かしながら、<u>社会に働きかける</u>。

3.　（グローバル社会への働きかけ）ソーシャルワーカーは、人権
と社会正義に関する課題を解決するため、全世界のソーシャルワー
カーと連帯し、グローバル社会に働きかける。

　いずれの倫理綱領にも、「社会に働きかける」という趣旨の表現が認
められるように、そこにはアドボケイトやソーシャルアクションに関す
る価値を含んでいることが理解される。とはいえ、表現上の差は大きい。
既述のとおり、介護福祉士の倫理綱領や倫理基準（行動規範）における
活動の射程は「地域」や「社会」であるが、ソーシャルワーカーの倫理
綱領や行動規範における射程は「グローバル社会」にまで広がっている。
　ちなみに、“グローバル”という言葉に注目した場合、介護福祉士の
グローバル定義は存在しない。
　「介護」という言葉は、介助プラス介護に付随する理念価値、実践価
値、技法価値という複合的な要素から構成されている（日本ロングライ
フ 2020）（西尾 2016:81）。それは多様性、複雑性の反映であるが故に、
国際的に統一された定義の設定を困難にしている。もちろん、そうした
要因は、国際的な介護福祉系運動を展開する際の制約につながり、結果
として「外圧」からの国内変革が難しくなることをも含意する。
　一方でソーシャルワーカーには、前記のように「ソーシャルワーク専
門職のグローバル定義」（2014）が存在する。そして、同グローバル定
義の下、「……この定義は、各国および世界の各地域で展開してもよい。
（IFSW；2014.7）」とあるように、統一性の中の多様性というスタンス
を採用している。これは、国際的なソーシャルワーカーの交流はもちろ
ん、国際的なソーシャルアクションを実施する際にも、プラスに機能す
るものである。

3.3　ソーシャルアクションに対する親和性への差異

　このように、2つの倫理綱領・行動規範との間には、対象者や活動範
囲に関する違いが顕著である。そしてこうした違いは、活動手法や活動

内容にも影響を与えることになる。

　たとえば、介護福祉士の倫理基準（行動規範）には、「介護福祉士は、社会福祉実践に及ぼす社会施策や福祉計画の影響を認識し、地域住民と連携し、地域福祉の推進に積極的に参加します」（下線部分は筆者による）となっており、地域住民主体の福祉力向上政策に親和的な側面が強くなっている。そして、こうした価値志向性は、状況次第ではわが国の社会保障抑制政策が生み出す「行政機能代替型の地域レベルにおけるマンパワー政策の推進」と融合しやすいといえる（阿部2003）。

　これに対して、ソーシャルワーカーの倫理綱領や行動規範の場合は、社会（ソーシャル）とのつながりだけでなく、「グローバル社会に働きかける」の言葉に象徴されるように、ソーシャルアクションに対して、より親和的な表現を採用している。これは、社会保障抑制政策が、ニーズを有する人々の生活を脅かす程の水準にとどまっている場合、単純な行政機能代替型のマンパワー政策に迎合しない姿勢を意味する。事実、前述した「Ⅲ　社会に対する倫理責任」の文章は、そうした解釈が妥当であることを示している。

　もっとも、ソーシャルアクションを重視するソーシャルワーカーの倫理綱領や行動規範ではあっても、それが現実レベルにおいて、必ずしも豊かな実績を生み出しているわけではない。これに関して山東は、ソーシャルアクションを「決起集会、住民集会、デモ、署名、陳情、請願、団体交渉（対話集会）、裁判闘争」などのダイレクトアクションと、「地域内での合意形成をはかる」「戦略的に協働することで目的を達成する」など、交渉や調整等を特徴とするインダイレクトアクションとに分類した上で、わが国においてはインダイレクトアクションが増加しているが、ソーシャルアクションそれ自体が活性化しているわけではない、と指摘している（山東2019：41-47）。当たり前と言えばそれまでであるが、倫理規定や倫理基準（行動規範）が、現実に反映されるわけではい、ということである。

4．ソーシャルワーカーの倫理綱領と実践の乖離

　ここまでに叙述したように、介護福祉士の倫理綱領・倫理基準（行動規範）と、ソーシャルワーカーの倫理綱領・行動規範との間には、「対象者」、「活動範囲」、「ソーシャルアクションに対する親和性」などの諸点から、相応の違いが認められる。もっとも、筆者が（比較対象としての）ソーシャルワーカーの倫理綱領や行動規範を肯定的な文脈で用いてはいるものの、その価値が現実レベルで具現化しているわけではないことは、前記のとおりである。

　ただし、ソーシャルワーカーの倫理綱領に「ソーシャルアクション」や「社会変革」という考え方が強調されているものの、現実レベルでの実践が困難になっている主因の１つは、はっきりしている。この点に関して、中島康晴（日本社会福祉士会副会長）は、次のように述べている。なお、下線部分は、筆者による強調である。

　　　まず取りあげたいのは、<u>社会福祉士と精神保健福祉士の法による定義と養成カリキュラムから、『社会変革』が抜け落ちてしまっているという問題</u>だ。これは、社会福祉士と精神保健福祉士は、真にソーシャルワーカーといえるのか、という重要な問いを引き起こす。

　　　社会福祉士及び精神保健福祉士法を確認してみよう。社会福祉士の役割は、『人びと』に対する『相談』『援助』『指導』、関係機関との『連絡及び調整』、もしくは『連携』とされている。……中略……。

　　　精神保健福祉士も同様だ。……中略……これらをソーシャルワークのあるべき姿に近づけるためには、社会福祉士法、精神保健福祉士法のそれぞれに『社会変革』と『ソーシャルアクション』の考え方を盛りこむ以外にない。（井手ほか 2019：84）

ちなみに、ソーシャルワーカーの養成カリキュラムにおいてすら、社会変革やソーシャルアクションの項目が重視されていない理由の１つとして、「社会福祉士および介護福祉士法成立後の厚生省社会局長通知」（1988）の存在を指摘することができる。権力対峙型の活動を内包しやすいソーシャルアクションを抑制する狙いがあったのか否かは不明だが、いずれにしても同通知により、ソーシャルアクションがソーシャルワーカーの養成教育上、軽視されることとなった（阿部・渡邊 2011）（根津 2014：212-213）。それ故、前出の中島は、法の定義と養成カリキュラムの双方に、本来あるべきソーシャルワーカーを育成する観点から、「『社会変革』と『ソーシャルアクション』を盛りこむことが不可欠なのである」との見解を表明している（井手ほか 2019：87）。わが国のソーシャルワーカーは、日本社会福祉士会副会長でもある中島の指摘を、重く受け止めるべきであろう。

　なお、この点に関連して、イアン・ファーガスン（Iain Ferguson）は、「過去 20 年にわたるソーシャルワークへの新自由主義的な攻撃の主要な方向の１つは、ソーシャルワークの教育と実践から『ソーシャルワークの価値をめぐる話題』を削除もしくは格下げしようと企てることであり、またソーシャルワーカーを倫理中立的な職務を遂行する社会的技術者もしくは社会的エンジニアとして再構築しようと企てることであった。」と指摘する（ファーガスン 2012：228）。ファーガスン的な見解からすれば、新自由主義によるソーシャルワークへの影響は、ソーシャルワーカーの問題意識を目前の利用者に収斂させると同時に、「倫理中立的」の名の下に、「抑圧された立場にある人々を、彼ら／彼女らの生活の社会的・経済的構造の背景から理解する」（ファーガスン 2012：181）（竹端 2013）姿勢の弱体化として認識される。

　実際、新自由主義からの攻撃も影響し、ラディカルソーシャルワークが強調する集団的アプローチは、「主流のソーシャルワークにおいて留意されることが次第に少なくなっていった」（ファーガスン 2012：181）わけだが、前出の中島が提唱した法の定義と養成教育に「『社会変革』と『ソーシャルアクション』を盛りこむことが不可欠なのであ

る」とする認識は、ファーガスンがソーシャルワークの復権に不可欠と考えているラディカルソーシャルワーク的な価値志向性と強い親和性がある。

　筆者としては、こうした中島と同様の認識を、介護福祉士のそれにも当てはめるべきだと考えている。なぜなら、ソーシャルワーカーの倫理綱領や行動規範において見出せるソーシャルアクションや社会変革への肯定的評価は、社会福祉士や精神保健福祉士に制限されるべきものではないからである。劣悪な制度、政策を前にすれば、現状改善に向けて声をあげ、集団的な行動を採ることは、介護福祉士にとっても重要な手段になると認識しているからである。

5.　包括モデルの再評価

　それでは、筆者の立ち位置である「介護福祉士は、ケアワーカーとしてのみならず、ソーシャルワーカーとしても認識されるべきである」という見解は、特異な主張なのであろうか。筆者としては、そのようには考えていない。たとえば、前出の中島と共著を刊行している井手や加藤も、介護福祉従事者のことをケアワーカーとしてのみならず、ソーシャルワーカーとしても捉えている（井手ほか 2019：156-157、174）。

　また、浅原が詳述しているように、現在の介護福祉士を含む福祉系従事者は、もともとは「社会福祉士法試案」の考え方（1971年）に代表されるように、「すべての福祉職をソーシャルワーク実践者と位置づけ、既存職種での任用を求めた」経緯があった（【表 4-2】では「包括モデル」に該当）（浅原 2017）。

　もちろん、その後の展開は、「包括モデル」から「専門性モデル」へと移行したわけだが、それでも、ソーシャルワーカーとケアワーカーに

【表4-2】浅原千里（2017）による「資格制度の成立過程におけるソーシャルワーク・ケアワークをめぐる議論の枠組み」

モデル名称	内容
包括モデル	1971年「社会福祉士法試案」の考え方 →すべての福祉職をソーシャルワーク実践者と位置づけ、既存職種での任用を求めた。
職務分離モデル	1971年「全社協答申」 1975年「社会福祉教育のあり方について（答申）」 1987年「社会福祉士及び介護福祉士法」の資格制度の本質 →相談・サービスのコーディネート・マネジメント業務と直接処遇業務の分業化
機能分離モデル	1987年「社会福祉士及び介護福祉士法」成立前後の議論の枠組み →社会福祉士はソーシャルワーク機能、介護福祉士はケアワーク機能を担うこととする。 →相談・サービスのコーディネート・マネジメントを担当する社会福祉士はソーシャルワークの担い手であるとする社会福祉領域関係者の理解と、資格法が意図する「ソーシャルワーク」との間に齟齬が生じている。
専門性モデル	機能分離モデルと職務分離モデルとの間に、ソーシャルワークの認識についての齟齬があるなかで、社会福祉士はソーシャルワークの専門性、介護福祉士はケアワークの専門性を備えるとの認識が形成され、養成教育が行われている。

出典　浅原千里（2017：60）

共通する機能があることは論を待たない。この点について、横山壽一は、次のように述べている。

　　実際、介護等の直接処遇従事者である人たちは、普通にしていれば、介護を行いながら利用者さんの希望や悩み、時には葛藤などを聞き、さまざまな福祉相談を介して助言をするのが、自然な対応になるはずです。しかし、介護福祉士の資格の規定に依拠すれば、そうした相談援助活動に応じることは難しくなります。（阿部2021d：80）

筆者は、【表4-2】で示された「職務分離モデル」「機能分離モデル」「専門性モデル」などの区分方法やその意義を否定するつもりはない。しかし横山が指摘したとおり、福祉現場における介護福祉従事者の就労状況を直視すれば、「包括モデル」を再評価することは、無理のない見解というだけでなく、むしろ自然な解釈だといえよう。

　さらに、前述した「ソーシャルワーク専門職のグローバル定義」（2014）に関する日本ソーシャルワーカー連盟による「ソーシャルワーク専門職のグローバル定義の日本における展開」（2017年採択）について、志村は次のように指摘している。

> 　日本における展開の大きな特徴はソーシャルワークが主語になっているところにある。これはソーシャルワークを広く捉えられるようにするためであり、ソーシャルワークの拡大を狙ってもいる。日本では社会福祉専門職の国家資格が確立し、専門職としてソーシャルワーカーが活躍しているが、ソーシャルワークを担っているのは有資格者のみではない。……中略……制度によらない、専門職制度にとらわれない、しかしソーシャルワークと呼ぶべき活動を含めて考えることが重要であると考えられた。（志村2020：45-46）

　志村の見解に依拠すれば、活動としてのソーシャルワークを基軸に置くならば、社会福祉士や精神保健福祉士に代表される国家資格を有する専門職としてのソーシャルワーカーだけでなく、介護福祉士もソーシャルワークを担う者として評することに、何らの矛盾も生じないであろう。また、志村は「ソーシャルワーク専門職のグローバル定義」が「ソーシャルワークの定義なのか、ソーシャルワーク専門職の定義なのか、最後まで混乱し続け、その混乱は継続していると言わざるを得ない」とも評している（志村2020：49）。だからこそ、前出の中島の「これは、社会福祉士と精神保健福祉士は、真にソーシャルワーカーといえるのか、という重要な問いを引き起こす。」「これらをソーシャルワークのあるべき

姿に近づけるためには、社会福祉士法、精神保健福祉士法のそれぞれに『社会変革』と『ソーシャルアクション』の考え方を盛りこむ以外にない。」という見解に象徴されるように、ソーシャルワークとソーシャルワーカーという言葉を、事実上、並列的に扱うことは自然なことなのである。そして、そうであるのなら、やはり【表4-2】にある「すべての福祉職をソーシャルワーク実践者と位置づけ、既存職種での任用を求めた」包括モデルは、実態を素直に反映した解釈モデルになると考えられるのである。

6. 包括モデルに依拠したソーシャルアクション教育の重要性

　このように、包括モデルを支持する筆者だが、仮に介護福祉士がソーシャルワーカーとして受け入れられたとしても、前記のとおり、ソーシャルワークの教育と実践への新自由主義からの影響には看過できないものがある。とりわけ、倫理中立の名の下に「抑圧された立場にある人々を、彼ら／彼女らの生活の社会的・経済的構造の背景から理解する」（ファーガスン 2012：181）（竹端 2013）姿勢への攻撃は、ソーシャルアクションや社会変革にとって、大きなマイナスに作用する。

　こうした認識に依拠したならば、介護福祉士を含むソーシャルワーカーの養成施設では、ソーシャルアクションの今日的具体例を教授することが大切になるといえよう。なぜなら、具体的なアクションの実例を知ることが、その後の現実評価、行動変容につながり得るからである。

　たとえば、2019年11月1日、3人のヘルパーが「介護福祉従事者が労働基準法違反の状態に置かれているのは国の無策と責任によるもの」として、東京地方裁判所に国家賠償請求訴訟を行っている（ホームヘルパー国家賠償訴訟 2020）。介護報酬の引き下げが続く中での同訴

訟は、文字通り、介護福祉従事者らによる現状改善に向けたソーシャルアクションである。また、同じく訴訟の観点からは、生活保護に関する生存権裁判（生活保護問題対策全国会議 2012）、新・生存権裁判（いのちのとりで裁判全国アクション 2021）、年金裁判（全日本年金者組合 2021）なども、福祉系資格の養成施設において教授に値する今日的アクションの具体例である。それは、社会福祉の重要な課題を、自分ごととして捉えることへの誘因になり得るものである。

小括

　ここまでに、介護福祉士をケアワーカーとしてのみならず、ソーシャルワーカーとしても認識すべきだ、との見解に依拠した場合、介護福祉士の倫理綱領と倫理基準（行動規範）の改定が必要になることを叙述した。それは、今から 50 年近く前に提唱された「包括モデル」の再評価を意味するものである。また、教員側が資格教育と並行して、ソーシャルアクションや社会変革などに関する実例を紹介、すなわち、脱資格教育的な教授姿勢を有することになれば、倫理綱領や行動規範をバージョンアップする必要性が、より高まるといえよう。

　なお、改定を繰り返しているソーシャルワーカーの倫理綱領・行動規範ではあるものの、それが「国内法の定義と養成教育」との間で齟齬をきたしている現実は、前述したとおりである。とはいえ、ソーシャルワーカーの倫理綱領・行動規範と同様に、介護福祉士の倫理綱領・倫理基準（行動規範）を、時代に即してアップデートすることの重要性は、何ら否定されるべきではないだろう。そして、理念と現実との間に目にみえる乖離が認められる場合は、理念を現実レベルに引き下げることによって現状の追認や肯定を図るのではなく、現実を少しでも理念レベルに引き上げることを目指すべきである。そして、そのような状況を生み出すためにも、ソーシャルアクションや社会変革を重視したソーシャルワーカーの倫理綱領と行動規範を参考に、介護福祉士の倫理綱領と倫理基準（行

動規範）をバージョンアップすることには、積極的な価値が見出せるのである。

第 5 章

わが国の社会保障財源に関する識者らの見解

本章の目的

　ここまでに、わが国の介護福祉をとりまく様々な課題を、①介護福祉士を目指す日本人学生、②介護福祉士を目指す外国人留学生および外国人介護福祉従事者、③介護福祉士の倫理綱領・行動規範、の３つの観点から検証してきた。それぞれの課題に特化した改善策が必要であることは論を待たない。しかし課題の如何を問わず、介護福祉分野を含む社会保障に関する諸課題を解決するためには、財政的な裏付けが不可欠である。それは、予算規模や政策の中身という、公的責任の内実が問われることを意味する。

　もちろん、財政的な裏付けとはいっても、社会保障の水準をどこに設定するかで、必要となる予算規模とその内訳は変化する。さらに、わが国の現状を「債務大国」と捉えるのか、それとも経済学でいうところの、政府と中央銀行を一体化させた「統合政府」の観点から捉えるのかでも、現状認識は大きく異なる（髙橋 2021：69-72）。それはすなわち、改善策の選択肢に大きな変化をもたらすことを意味する。

　たとえば、統合政府の観点から、「近年、日銀による国債の買い入れ額は、国債の新規発行額を上回っている。つまり、民間部門の国債保有額は減っており、『国の借金』も減っているのである。それゆえ今のところ増税は必要ない」とする見解がある（井上智洋 2014）。もちろん、こうした見解に依拠したならば、債務返済のための増税という見解には、否定的になるであろう。

また、社会保障・税一体改革では、消費税を5％から10％に引き上げたうち、その約8割が「社会保障の生み出す借金」を減らすという名目で、債務削減に使用された経緯がある（井手2021：153）。しかし、前記のような認識に依拠すれば、そもそも債務返済のための増税の必要性はない。要するに、現状認識は多様であり、また、どのような現状認識を有するのかで、改善策の内訳が規定される、ということである。

　こうした点を鑑み、本章では、わが国の社会保障をとりまく現状認識について、相応の社会的影響力が推認される識者らの見解を叙述した上で、彼ら彼女らの主張の類似点、相違点、および対立の要因などについて概説する。その上で、次章において、「わが国において、介護福祉を含む社会保障領域における必要予算の確保は可能なのか」という問いについて、筆者としての認識を叙述する。

　以上の課題に対応する観点から、本章は前提的知見となる「介護保険制度の財政状況」に関する説明部分を除き、次の項目から構成する。それらは順に、（1）福祉国家構想研究会による現状認識と提言、（2）不公平な税制をただす会による現状認識と提言、（3）井手英策による現状認識と提言、（4）MMT論者らによる現状認識、（5）髙橋洋一による現状認識、（6）左派的論者への問い、（7）ベーシックサービス論者への問い、（8）純合計社会支出からの現状再考、（9）筆者としての見解、である。

　なお、新自由主義的な経済観に依拠した財源論など、本章では取り上げていない識者の見解もある。ただし当該論者らの見解は、現行の社会保障抑制政策を採用している政府の施策とほぼ同義であること、また紙幅の制約もあることから、左派的な論者の見解を介して、ほぼ正反対に位置する新自由主義的な見解にも（間接的にはなるが）触れることにより、結果として同スタンスを支持する識者の財源観も射程に入れることとする。

1. 介護保険制度の財政状況とその含意

　前記のとおり、本章の主題は、介護福祉分野を含む社会保障財政について、見解の異なる識者らによる現状認識および（識者によっては）改善策を叙述し、それらの妥当性を検証することである。このプロセスは、わが国が目指すべき社会保障財政のありようについて、筆者としての立ち位置を明らかにする作業でもある。ただし、識者らの見解を解説する前に、おさえておくべきことがある。それは、わが国の介護福祉分野の財政状況である。

　これまでの分析結果から明らかなように、わが国の介護福祉分野には、数多くの深刻な課題が認められる。しかし、こと財政面に特化すれば、意外にも高評価に値する状況なのかもしれない。また、仮に財政面における問題が認められたとしても、その深刻度は限定的な水準に留まる可能性もある。もちろん、そのような想定とは対極の状況も想定されよう。そして、介護福祉分野の財政がどのような状況下にあるのかは、社会保障財政のありように影響を与えることになる。こうした事由もあり、主要識者の見解を詳述する前に、介護福祉分野における財政状況について概説する。

　わが国における介護福祉分野の基軸が、公的介護保険（以下、介護保険と表記）であることは、周知の事実である。それ故、わが国の介護福祉分野における財政状況等に注目することは、介護保険制度の財政状況に注目することでもある。

　2000年から施行された介護保険制度は、①保険料、②税金、③利用者の自己負担等により財源が確保されている。財源構成としては、介護サービスの利用者が利用額の原則1割を負担し、残り9割を公費と介護保険の被保険者が納める保険料で半分ずつまかなう仕組みになっている。換言すれば、前記①～③のいずれに注目するかによって、財政状況に対する評価に幅が生じることになる。

　はじめに、40歳になると介護保険への加入が義務付けられ、保険料

を支払うことになる①の「被保険者による保険料負担」に注目する。

　被保険者は、第1号被保険者（65歳以上）と、第2号被保険者（40歳から64歳）に区分される。まず、現役世代となる第2号被保険者に注目すると、およそ保険料負担の増加傾向を認めることができる。実際、平成12年度から平成25年度までの第2号被保険者の保険料（事業主負担分、公費分を含む）は、2倍以上へと大幅に増加した経緯がある。

　その後、2017年の介護保険法の改正で、所得に応じて保険料が算出される「総報酬割」が導入されたことにより、2020年4月からは、大企業を中心とした会社員の介護保険料が大幅に増額することとなった（小久保2020）。もっとも、厚生労働省の試算によると、負担増となるのは約1,300万人、負担減は約1,700万人とのことで、中小企業に勤務する労働者にとっては負担減、との指摘がなされている（ダスキンヘルスレント2017）。しかし、もともとの可処分所得が限定的であることが多い中小企業に勤務する労働者への保険料負担の軽減を以て、介護保険制度の財政状況を是認することは困難である。この点を象徴するのが、第1号被保険者の月あたり保険料（全国平均/加重平均）の推移である。

　実際、第1号被保険者の保険料は、介護保険制度開始時の2,911円と、直近の6,014円（2021〜2023年）を比較すると、2倍以上の増額となっている（日本経済新聞2021c）。そして、こうした保険料の負担増が一因となり、介護保険料を滞納し、預貯金や不動産などを差し押さえられた65歳以上の高齢者が、2019年度には過去最多の2万1,578人となっている（石川2021）。

　また、仮に保険料を支払うことができたとしても、それは実際の介護サービス利用、もしくは利用のしやすさを担保するものではない。なぜなら、前述した③の「利用者の自己負担」部分における負担増があるからである。

　前述した介護サービスの利用者が（利用額の原則）1割を負担し、残り9割を公費（税金）と、介護保険の被保険者が納める保険料で半分ずつまかなうという仕組みは、あくまでも原則論である。実際には、利

用者の所得に応じて、自己負担が２割あるいは３割になるよう設定されている。紙幅の関係上、ここでの詳細は控えるが、利用額の２割負担、３割負担を決定する際の所得の線引きに関しても、高所得者を対象としたものとは言い難い現実がある（荒木2020）。

　さらに、実際のサービス利用に際しては、利用限度額が設定されていることから、限度額以上の利用は、全額自己負担となっている。もちろん、介護保険制度のカバーする保険範囲が広ければ利用はしやすくなるが、現実には要介護度が高くなればなるほど、家族介護を「含み資産」とした制度設計となっているため、到底、保険の限度内で「介護の社会化」が担保されるものではない。

　しかも、在宅介護を重視した介護保険制度ではあるものの、国は長期にわたり、訪問介護のサービス内容、時間、回数などに強力な制限をかけ続けてきた経緯がある（小川2021：54-57）。そうした保険料負担や利用抑制政策の結果、河合克義（明治学院大学名誉教授）は、「2020年３月現在、介護保険の第一号被保険者（65歳以上高齢者）のうち介護保険の認定を受けている人は18.5％です。ただし認定を受けている人すべてが介護保険のサービスを受給しているわけではありません。筆者は高齢者のうち、実際にサービスを利用している人は15％程度とみています」と指摘している（河合2020：58）。

　ここで注視すべきは、認定者から利用者に移行できなかった人に加え、利用者であっても、本来であれば必要となるサービス利用量を確保できていないケースは相当数に上る、という事実である。なぜなら、高齢者層における貧困率が高止まりしているなかで、サービス内容、時間、回数などに強力な制限がかけられ、しかも保険外の部分は全額自己負担となっているからである。これにより、望むサービス利用を相当程度、抑制せざるを得ないケースが激増していることは想像に難くない。

　介護保険制度が導入されてから、すでに四半世紀近くが経過した。この間、介護保険制度は多くの介護ニーズを掘り起こしたという意味において、プラスの側面を有している。その事実は認めるべきである。しかしその一方で、介護保険料の大幅な上昇、利用者負担の増大、さらに

は介護サービスの給付制限等も加わり、ニーズはあってもクライアントにはなれない相当数の国民を生み出す、というマイナスの側面が大きくなったのも事実である。前述した保険料を支払うことができず、預貯金や不動産などを差し押さえられた65歳以上の第1号被保険者数の増加は、その何よりの証左である。

そして、こうした現状は、介護福祉財源を構成する前記の3要素——①保険料、②税金、③利用者の自己負担——のなかで、①と③への更なる負担増が現実的ではないことを示すと同時に、②の租税を中心とした財源確保の重要性に焦点を当てることになる。すなわち、誰に、もしくは何に対して、どのような税負担を求めるべきか、という議論が重要になる、ということである。

ただし、「ニーズを有していても、クライアントになることが容易ではない人々」に対応し得る介護保険制度に必要となる追加財源は、必ずしも社会保障財源全体の拡大とイコールになるとは限らない。なぜなら、仮にマクロ的な観点から見た場合、社会保障財源が充足しているのであれば、社会保障の内部における予算の配置換えだけで（介護福祉分野の財源不足は）事足りることになるからである。また、仮に社会保障財源が足らないという場合でも、社会保障以外の財源との組み換えにより、必要な社会保障予算を捻出することが可能である、とする考え方も（少なくとも理論上は）想定される。いわゆる「増税なき社会保障財源の確保」である。その場合は、社会保障を含むその他の分野における政策の優先順位などに留意しつつ、社会保障財源を論じることが重要になる。もちろん、社会保障を含む各種の財源が全体的に不足しているとするのであれば、マクロ的な観点から課税政策についての踏み込んだ議論が必要となる。

以上のような各種のシナリオを踏まえ、次節からは、社会保障財政に関して立ち位置の異なる主要論者の見解を紹介する。

2．福祉国家構想研究会による現状認識と提言

　はじめに紹介するのは、福祉国家構想研究会である。同研究会は、その名が示すとおり、福祉国家論者らが中心となった研究会であり、当然、指向する国家像は、北欧的な福祉重視国家である。主要論者として、岡田知弘（京都大学名誉教授）、後藤道夫（都留文科大学名誉教授）、二宮厚美（神戸大学名誉教授）、渡辺治（一橋大学名誉教授）、横山壽一（金沢大学名誉教授）などがいる。同研究会による提言は、大月書店から刊行されている『シリーズ　福祉国家構想』（2019 年 12 月現在、シリーズ総計 6 冊）に詳しいが、いずれの論考においても、新自由主義的政策に対する批判をベースに、公的責任による人権保障政策の重視を唱えている点に政策的特徴がある（福祉国家構想研究会 2021）。

　同研究会によるわが国の社会保障をとりまく現状認識は、大変厳しいものとなっている。それ故、現状改善策に関しては、抜本的な改革が必要ということになり、必然的にマクロレベルでの改革を意識したものとなっている。

　各論部分の詳細は控えるが、同研究会によるマクロレベルにおける代替策の要旨は、岡崎祐司・福祉国家構想研究会編（2017）『老後不安社会からの転換：介護保険から高齢者ケア保障へ』の下記文章に見出すことができる。

　　ジェンダー差別撤廃という大課題を念頭におき、人権としての生活保障を想定した場合、課題解決のモデルは、原則、個人単位で設計されるべきである。（岡崎・福祉国家構想研究会編 2017：370）

　　①勤労者は一日八時間労働で、当人の通常の生活をまかなえるよう、最低賃金と労働市場が整備されなくてはならない。……中略……最低賃金時給は 1,500 円程度が求められよう。（岡崎・福祉国

家構想研究会編 2017：370-371）

②非勤労者の場合、「健康で文化的な最低限度」の生活を送れる所
得を、社会が当該の個人に「保障」すべきである。「非勤労者」には、
子ども、職業訓練中の者、高齢者、失業者、傷病・障害者、産休
中の女性、家族ケアのための休業者などが含まれる。（岡崎・福祉
国家構想研究会編 2017：371）

③勤労者、非勤労者ともに、基礎的社会サービスが必要となった
場合は、公的責任による現物給付でその必要を充足する（保育、
学校教育、医療、介護、障害者福祉、母子保健、職業訓練など）。（岡
崎・福祉国家構想研究会編 2017：371）

④公的住宅の十分な供給、居住基準の徹底、適切な都市政策、特
別なニーズの人々の居住の保障、厳しくない所得制限を備えた住
宅費補助制度などによる居住保障。（岡崎・福祉国家構想研究会編
2017：371）

　このように、同研究会は公的責任による施策を強調した上で、国の社
会保障およびその関連政策としての②〜④、すなわち、非勤労者の所得
保障、必要な基礎的社会サービスの無償・現物給付方式での保障、居住
保障などの諸政策を満額で実現する場合、必要となる追加支出規模（公
的財政と社会保険）として、年間約 32.7 兆円を想定している（岡崎・
福祉国家構想研究会編 2017：371-373）。よって、これらに関連する
諸政策を加味すれば、年間 35 〜 40 兆円の追加予算が、わが国を「望
ましい」福祉国家へと改善するためには必要になる、との見解が導かれ
ることになる。
　もっとも、社会保障関係費が激増しているというイメージが広がりを
見せる中では、そのような大規模追加予算の確保に疑問を抱く国民は多
いことであろう。しかし、福祉国家構想研究会は、日本の GDP は 540

兆円を超えていること、そして富裕層や大企業への課税強化を前提に、国民の合意などをもってすれば、「原理的にできない額ではない」と主張している（岡崎・福祉国家構想研究会編 2017：373）。

　こうした提言には、少なくない反論が想定されるが、ここで注目したいのは、福祉国家構想研究会の識者らが、わが国を「真に福祉国家」たらしめるために必要と考える追加予算規模は、年間 35 〜 40 兆円と推計した点にある。というのは、他の福祉国家論者らが、この追加予算規模に関して、どのような見解を表明するのかによって、福祉国家構想研究会による提言の妥当性はもちろん、予算確保の手法や支出の正当性にも大きな影響が生じるからである。

　それではこうした点について、他の福祉国家論者らは、どのような見解を表明しているのであろうか。これについて一考に値するのが、「不公平な税制をただす会」による提言である。

３．不公平な税制をただす会による現状認識と提言

　不公平な税制をただす会（1977 年に結成）は、税理士や大学教員らによる税制に関する専門家集団であり、（1）累進課税の強化、（2）総合課税の徹底、（3）税の優遇（差別）措置の撤廃、（4）脱税の防止、などを基本理念に据え、会誌『福祉と税金』を公表するなど、精力的な活動を展開している。1984 年から継続的に公表されてきた「公平な税制確立のための財源試算」は、その証左である（不公平な税制をただす会編 2018：96）（不公平な税制をただす会 2021）。

　不公平な税制をただす会によるわが国の社会保障に対する現状認識は、福祉国家構想研究会のそれと同じく、非常に厳しいものがある。それは当然ながら、現行の社会保障政策およびそれを支える税制のありよ

うに対する否定的評価に直結する。そこで同会は、前述した税制理念に照らして「あるべき歳入、歳出の姿」を具体的に提示している。その主張を端的に表現すれば、同会による「あるべき増税政策」から導かれる増税額は、福祉国家構想研究会の見解を補強する部分が多い、ということになる。

　まず、財源試算（増収）に関して、同会はいくつかの課税スタンスを表明しているが、その中でも筆者として注目するのは、次の3点である。それらは順に、（ⅰ）財源確保においては、応能負担原則を基軸にしていること、（ⅱ）大企業に対する優遇税制の見直しを掲げていること、（ⅲ）その時々の政権に左右されない財政試算を採用していること、である（不公平な税制をただす会編2018：96-99）。その上で、前記の三方針等に依拠した税制改革を行えば、2017年度の場合、国税で27兆3,343億円、地方税で10兆6,967億円、総計38兆310億円の増収が期待できる、と同会は算出している（不公平な税制をただす会編2018：100）。その内訳は、【表5-1】と【表5-2】である。

　こうした大企業や富裕層への課税強化策をベースに、不公平な税制をただす会は「消費税増税をせずとも38兆円の財源が得られることになる」とし、その増収分は、福祉国家建設のために使うべきである、と主張している。当然ながら、こうした政策的方向性は、福祉国家構想研究会のそれと同質である。

　その上で注目すべきは、この「38兆円の増収」という部分である。なぜなら、前出の福祉国家構想研究会が、わが国を「真に福祉国家」たらしめるために必要と見積もった社会保障領域への追加予算規模は、関連施策を含め年間35〜40兆円だったわけだが、その必要分を補う規模の増収が、「不公平な税制をただす」ことで可能になる、とする見解を同会は表明しているからである。

　なお、歳出に関しても、不公平な税制をただす会は、いくつかのスタンスを表明している。前記のとおり、増収分は、福祉国家建設のために使うべきだとする同会のスタンスから、おおよその特徴は推察されようが、筆者として特に注目する指針は、次の3点である。それらは順に、

【表 5-1】「不公平税制の是正による増収試算」（2017 年度）
〔国税関係〕

項目	（単位：億円）
1. 法人税	
（1）株式発行差金（プレミアム）非課税廃止	9,140
（2）受取配当益金不算入の廃止	67,061
（3）各種引当金・準備金の廃止	9,418
内訳	
①返品調整引当金	100
②海外投資損失準備金	724
③保険会社等の異常危機準備金	676
④探鉱・海外探鉱準備金	3,100
⑤使用済燃料再処理準備金	4,417
⑥新幹線鉄道大規模改修準備金	401
（4）特別償却、割増償却の廃止	9,657
（5）社会保障診療報酬の所得計算の特例	1
（6）新鉱床探鉱費等特別控除の廃止	66
（7）試験研究費の増額控除廃止	9,770
（8）エネルギー環境負荷推進設備等の税額控除の廃止	545
（9）外国子会社からの受取配当の益金不算入の廃止	25,719
（10）公益法人課税の適正化	
（11）連結納税制度の廃止	3,976
（法人税の増収試算の合計額）	135,353
2. 所得税	
（1）個人利子所得課税の是正（申告分離課税を廃止して総合課税／一般分）	138
（2）個人配当所得課税の是正（配当税額控除の廃止）	1,202
（3）個人配当所得課税の是正（申告分離課税を廃止して総合課税）	5,219
（4）給与所得控除の無制限制度の是正（上限年収 1,500 万円）	——
（5）土地の譲渡所得の分離課税の是正	5,524
（6）有価証券譲渡益課税の強化（申告分離廃止）	6,851
（7）医師優遇税制の是正	250
（8）政治資金課税の是正	457
（9）住宅ローン減税制度の是正	6,210
（所得税の増収試算の合計額）	25,851
3. 税率配分の適正化	
（1）大企業からの（法人税率改定による）増収分	99,888
（2）高額所得者からの（所得税率改定による）増収分	12,251
国税計	273,343

出典　不公平な税制をただす会編（2018：101）

【表 5-2】「不公平税制の是正による増収試算」（2017 年度）
〔地方税関係〕

項目	（単位：億円）
1. 法人税特例廃止による地方税（法人事業税・同住民税）増収	
（1）株式発行差金（プレミアム）非課税廃止	912
（2）受取配当益金不算入の廃止	6,700

(3) 各種引当金・準備金の廃止	677
内訳	
①返品調整引当金	9
②海外投資損失準備金	50
③保険会社等の異常危機準備金	47
④探鉱・海外探鉱準備金	217
⑤使用済燃料再処理準備金	309
⑥新幹線鉄道大規模改修準備金	45
(4) 特別償却、割増償却廃止	963
(5) 試験研究費の増額控除廃止	683
(6) エネルギー環境負荷推進投資促進税制廃止	38
(7) 新鉱床探鉱費等特別控除の廃止	4
(8) 外国子会社からの受取配当の益金不算入の廃止	1,800
(9) 公益法人のみなし寄付金適用の廃止	――
(法人税特例廃止による地方税増収試算の合計額)	11,777
2．所得税特例廃止による地方税（個人住民税）増収	
(1) 個人利子所得課税の是正（総合課税）	199
(2) 配当所得特例の廃止	――
(3) 給与所得控除の無制限制度の是正（上限年収 1,500 万円）	――
(4) 土地の譲渡所得の分離課税の是正	1,427
(5) 医師優遇税制の是正	0
(6) 政治資金課税の是正	114
(所得税特例廃止による地方税増収試算の合計額)	1,740
3．地方税独自の特例廃止による増収	
(1) 社会保険診療報酬特例の廃止（事業税）	0
(2) 土地税制の特例の廃止（固定資産税）	24,185
(3) 家屋税制の特例の廃止（固定資産税）	79
(4) 償却資産の特例の廃止（固定資産税）	836
(5) 都市計画税の特例の廃止（都市計画税）	170
(6) 軽油取引税の課税免除の見直し（軽油取引税）	867
(7) 鉱物事業特例の廃止	28
(8) 自動車税の特例の廃止（自動車税）	151
(9) 自動車取得税の非課税の見直し（自動車取得税）	964
(10) 軽自動車税の特例の廃止	15
(11) 事業所税の特例の廃止（事業所税）	961
(12) 法人事業税・資本割圧縮措置の特例廃止	2,313
(13) 不動産取得税に係る特例廃止	80
(14) 産業振興等に係る特例廃止（事業税・不動産取得税）	66
(15) 市町村交付金の特例の廃止（固定資産税・都市計画税）	434
(16) 納税補助金等の廃止	286
(地方税独自の特例廃止による増収試算の合計額)	31,435
4．地方交付税への反映	55,023
5．税率配分の適正化（法人住民税）	6,992
地方税計	106,697
【表 5-1】と【表 5-2】の合計	380,310

出典　不公平な税制をただす会編（2018:102-103）

（1）大型開発優先の歳出の見直し、（2）自衛隊および米軍関連予算等の大幅削減、そして、（3）政党助成金の廃止、である（不公平な税制をただす会編 2018：100）。

　もっとも、どのような政策を用いて、歳入を拡充し、歳出を再編するかは、思想信条によるところが大きい。ゆえに、こうした（いわゆる）左派的な税制改革の方向性に強い反対を表明する国民が少なくないことは、容易に想定される。とりわけ、ロシアによるウクライナへの武力攻撃と、台湾情勢に絡んだ中国、北朝鮮との軍事的緊張関係が続く日本では、自衛隊予算の削減を前面に押し出す伝統的な左派勢力に対する否定的な認識の広がりを認めることができよう。

4．井手英策による現状認識と提言

　ここまでに、近年におけるわが国の左派系識者にみられる社会保障に関する政策的指向性を概観した。もちろん、前記のような防衛費と社会保障費を二項対立的に論じる左派的スタンスに、強い違和感を抱く国民の存在は容易に想定される。

　しかし、左派的政策に対する批判の声を指摘する以前に、確認すべきことがある。それは、福祉国家を標榜する識者らの現状認識は、貧困の深刻化を認めるという点では一致しているものの、だからといって、貧困に喘ぐ国民を減税や現物・現金給付などによって「救済の対象」とするような提言に対しては、必ずしも見解が一致しているわけではない、という現実である。すなわち、人権保障政策を重視しながらも、その政策手法に関しては、左派やリベラル派を批判する立ち位置の福祉国家論者（少なくとも、福祉国家的・価値観を支持する識者）も散見される、ということである。そうした識者の代表格といえるのが、井手英策（慶

應義塾大学教授）である。

4.1　左派、リベラル派への批判

　財政学者である井手英策が、最終的に望ましいと考える国家像は、筆者の理解する限り、福祉国家的なものであると認識している。しかし、井手の提唱する改革案は、前出の左派系論者らによる政策提言とは大きな違いがある。その核心部分は、大企業や高所得者層への課税はもとより、消費税の増税を是認していること、すなわち、低所得者層に対する課税強化も含め、課税対象を幅広く想定していることである。この点は、消費税の逆進性を問題視し、社会保障充実のための消費税増税という政策を強く批判する福祉国家構想研究会や不公平な税制をただす会の政策的指向性とは、大きく異なるものである。

　それでは、井手はどのような現状理解により、高所得者層はもとより、消費税増税という形で、低所得者および中所得者層に対する課税強化すら求めるに至ったのであろうか。その経緯は、おおよそ次のとおりである。

　貧困の深化が常態化するわが国においては、人々の間に損得勘定的価値観が広がりをみせるようになってきた（阿部 2019：99-102）。それにより、生活保護等によって「救済」されている一部の貧困層が、働いても貧困に喘ぐ多くの人々には不愉快な存在、もしくは、ある種の特権階級にすら映る——少なくとも、そうした考え方が「合理的な解釈」になる素地が形成される——ことになる。その結果、少なくない低賃金労働者にとっては、公的制度から（あたかも）不当に利を得たように思わ・・れる被保護者らに対する鬱積が溜まり、その否定的感情が、「救済された人々」に向かうことが合理的に推察されることになる（井手 2018：57-59）。

　換言すれば、社会的弱者による社会的弱者「叩き」が広がりを見せている、という認識を井手は抱いているわけである[1]。当然ながら、社会的弱者間における分断が生じてしまえば、社会的弱者救済政策への支

持は得難くなる、とする見解が導かれることになる。こうした認識の象徴となる井手の言葉を、いくつか紹介したい。まずは、左派、リベラル派への批判である。

> 人間不信、政治不信だけではない。「世界価値観調査」によれば、僕たちは、国際的にみて、平等、自由、愛国心、人権といった「普遍的な価値」すら分かちあえない国民になりつつある。……中略……価値を分かちあうことができず、利己的で孤立した「人間の群れ」と化しつつある日本社会。このように共在感や仲間意識をもてない「人間のあつまり」にとって、目の前の人びとの苦しみは自分の苦しみにはならないだろう。はたして、左派やリベラルは、こうした社会状況をどこまで認識しているだろうか。（井手2018：51-52）

> 懸命の努力にもかかわらず没落していく人たち。彼らの怒りは、勤労や倹約の努力をおこたっている（と彼らが思っている）人たちへの非難となってあらわれた。……中略……強者と弱者に線引きをし、後者の救済のために汗をかく――そんな「左派やリベラルの正義」と「社会の正義」とがズレはじめている。（井手2018：59-60）

　そして、生活保護を受給している人たちなど、「救済された人たち」を見つめる「普通の人たち」に関する記述としては、次の文章がある。

> ニーチェがするどく喝破していた強者への嫉妬や憎悪、いわゆるルサンチマンがここではみごとに逆立ちしている。弱者を特権階級とみなす「ゆがんだルサンチマン」だ。（井手2018：61）

> 生活保護の１割カットという尋常ではない、言語道断ともいうべき主張があっさりと有権者に受けいれられた事実を、リベラルは

重く受けとめるべきだろう。弱者切り捨ては「民意」としての側
　　面ももっていたのである。(井手 2018：67)

　このような認識を経て、自らの転向については、次のように記している。

　　リベラルは新自由主義を批判してきた。……中略……正直にいえ
　　ば、それは、僕も同じだった。だが、いま思うと、その批判は明
　　らかに独りよがりだったと思う。自己批判をしておきたい。明ら
　　かな想像力の欠如、知的怠慢だった。……中略……道徳的正しさ
　　をいかにうったえても、それは自己満足にちかい。(井手 2018：
　　99-102)

　井手は、こうした心情を吐露した上で、これからの「あるべき社会」
や「あるべき財源負担」について、次のように記している。

　　頼りあえる社会では、より多くの人たちを受益者とし、社会的分
　　断を解消する道をめざす。それゆえ、多額の財源を必要とするこ
　　とはもちろん、左派が主張するような富裕層や企業への課税だけ
　　では、十分な財源を調達できないことをまず確認しておく必要が
　　ある。(井手 2018：121)

　こうした現状認識に依拠した井手は、より多くの人たちを受益者と同
時に負担者とし、誰がどの制度から、どれくらいの利を得たのかという
損得勘定意識の抑制を(後述する必要充足の現物サービス提供を通じて)
図ることにより、国民間の分断を緩和する社会保障政策の推進を表明す
るに至ったのである。すなわち、富裕層や大企業への課税強化を含めつ
つも、消費税増税を正面に据えた税制改革によって、当該社会保障政策
の実施を目指す、ということである(井手 2021)。
　なお、このように富裕層が一方的に貧困層を支えるという政策ではな
い場合、富裕層は低所得者層を支える福祉国家政策に対して「否定的な

態度を取らない」という状況が想定されやすくなる。実際、間接税を基軸にしながらも、無職の者に対しては、相応の就労支援を行うことで、前出の「想定の妥当性」を支持するEU諸国を対象にした調査結果が認められる（片岡2015:45-46）。すなわち、井手が指摘するところの「低所得者層が受益者になるだけでなく、相応の就労支援政策を実施することで、彼らが（将来の労働者として）負担者にもなる施策」こそが、結果として国民間の分断の緩和につながるとした指摘は、少なくともEU諸国における先行研究では、一定の妥当性を見出すことができる。

4.2　消費税を基盤にしたライフセキュリティー政策の提唱

　それでは、消費税を基盤とした財源を活用し、井手はどのような社会保障政策の展開を提唱しているのであろうか。それは、彼が主張するところの、ベーシックニーズを満たすライフセキュリティー政策（もしくは、ベーシックサービス政策）になる。

　井手は、左派やリベラル派と同様に、富裕層や大企業への課税強化に賛同した上で、並行して消費税税率を、最低でも15％、最大で19％まで引き上げることを提唱している（井手2019：203-204）（井手2021：143）。仮に消費税を15％まで引き上げた場合、幼稚園、保育園、大学、病院、介護、障害者福祉などは、ほぼ無償化が可能になると推計している（井手2019：203）。さらに消費税を19％まで引き上げたならば、財政健全化にも目途が立つ、と井手は主張する（井手2019：204）。これが、井手が提唱するベーシックサービスを保証するライフセキュリティー政策の大枠である。

　わが国の貧困率は高止まりしており、また個人や家計の貯蓄率も大きく減少している。そのような状態下で、消費税率を15％〜19％にしたならば、それは圧倒的多数の国民にとって、相当な負担増になる。

　しかし——低所得者層への負担が過重であり、かつ、低所得者層の一部に対しては、所得再分配の逆転現象が生じているなど、通常ではあり得ないわが国特有の「税制の歪み」を考慮に入れなければ——わが国

の税率は、先進諸国内では高い部類には属さない。事実、EU加盟国における付加価値税（日本でいうところの消費税に相当する）は15％以上である。すなわち、井手が主張する15％もしくはそれ以上の消費税というのは、EU加盟国並みの税率にする、ということでもある（井手2019：211）。

　また、消費税を基軸にしたライフセキュリティー政策を通じて、誰もが負担者と受益者になることから、①「効率的な社会連帯」の促進、②救済型の社会保障から、権利としてのベーシックサービス政策への転換による「効率的なスティグマの解消」（→救済時の後ろめたさの軽減）、③現金給付ではなく、現物サービスの提供を基軸にすることで、不正受給の抑制を図ることによる「効率的な損得勘定意識の緩和」、④ベーシックサービスの提供が生み出す「効率的な痛税感の緩和」、⑤税使途の関心向上に伴う「効率的な民主主義の充実」などが期待される、と井手は主張している（井手ほか2019：208-210）。換言すれば、富裕層や大企業への課税を基軸にした所得再分配機能の強化による「救済型の社会保障政策」では、このような成果は期待し難い、ということである。また、そのような認識があればこそ、井手は、左派的な「救済型の再分配政策」を否定的に捉えるのである。

4.3　左派、リベラル派からの批判とそれに対する再反論

　もっとも、ベーシックサービスの保障という政策的指向性は、左派、リベラル派、そして井手の間でも共通している。しかし、消費税に対するスタンスに関しては、前記の価値観に依拠する限り、左派やリベラル派による井手への批判が必至となる。なぜなら、左派やリベラル派の多くは、ベーシックサービスを提供するという政策それ自体には賛同しても、（消費税増税を前提とするような）中間〜低所得者層にも税負担を求めることには、強い違和感を有しているからである。彼らにとって（貧困層拡大社会である以上）多くの国民は社会的弱者であり、故に、所得再分配機能の対象者と映っているのである。そうした認識があればこそ、

「消費税増税ではなく、大企業や富裕層への課税強化で賄うべきだ」、「消費税増税は低所得者層に悪影響を及ぼす（→消費税の逆進性）」、「同じく消費税増税は、中小企業にも悪影響を及ぼす（→価格転嫁が困難）」、「いわゆる輸出戻し税と揶揄されるように、消費税は大企業を利するだけのものではないのか」、「低所得者層への課税よりも、企業の内部留保金への課金を優先すべきではないのか」などが、井手に対する主な批判となる。

　もっとも、こうした左派、リベラル派からの批判に対して、井手は再反論を展開している。反論の大前提になるのは、左派やリベラル派が提唱する富裕層、大企業に基軸を置く課税政策では、真にベーシックサービスを保障するだけの予算確保には程遠く、間接税に頼らざるを得ない、という認識である。

　実際、井手は、「消費税を16から19％程度に引き上げる。これをほかの税に置き換えると、所得税なら120％から180％、法人税なら34％から50％程度の引き上げが必要になります。これじゃあ、経済は破たんしてしまいます」と指摘し、消費税増税は外せない政策であることを強調している（井手2021：143）。

　同様の観点から、法人税の増税に関しては、仮に法人税を1％上げると5,000億円の税収になるとしつつも、「これ（法人税）だけで消費税分の税収を賄おうとすれば、56％も税率を引き上げる必要が生じ」（井手2019：211）、また、富裕層への課税に該当する「金融資産課税、利子配当所得への税を5％増やしても2,000〜3,000億円、相続税を5％あげても5,000億円程度にしかならない」と批判する（井手2019：211）。これに対して消費税を1％引き上げると、約2.8兆円の税収増になるという（井手2021：143）。明らかに税収額に甚大な差がある。

　社会保障の充実を、富裕層、大企業への課税強化や予算再編によって成そうとする左派、リベラル派。彼らは、歳入と歳出の現状を組み替えることで、財源の確保は可能だとしている。不公平な税制をただす会による「消費税増税をせずとも38兆円の財源が得られることになる」という主張は、その象徴であろう。しかし、井手はそうした認識を明確に

否定する。

　次に、「消費税の逆進性」に対する再反論である。井手自身、消費税に逆進性という特徴があることは認めている。しかし、ポイントになるのは、集めた税金の使途だと指摘する。すなわち、逆進性の強い消費税に、「消費税の逆進性を抑制するために富裕層税を強化」しつつ（井手ほか2019：207-208）、より効率的な所得再分配機能を一体化させてライフセキュリティー政策を展開すれば、貧困率は緩和し、所得格差は小さくすることができる、と井手は主張している。井手的な視点でみれば、そうした「逆」逆進性ともいえる政策の一体的導入を直視せず、消費税の逆進性のみに関心を向けるのが、左派やリベラル派の思考的限界だ、ということになる。

　また、論旨の展開上、詳細は控えるが、左派論者が指摘する大企業の内部留保に対する課税に対しても、井手は相応の批判（いわゆる左派系論者による現状評価の偏り）を展開している（井手2018：151-154）。こうした認識があればこそ、井手は国際的な経済状況に大きく左右されない間接税に、より大きな価値を見出したともいえよう。

　要約すれば、左派やリベラル派は、富裕層や大企業への課税強化がもつ所得再分配機能を重視し、それによる格差是正を志向する。しかし、井手にとっての最優先課題は、国民へのベーシックサービスの提供にこそある。格差を是正し、貧困を抑制することは、そうした真の目的に付随する結果に過ぎない。類似の目標を共有しつつも、アプローチの違いを生み出す認識の差こそが、両者を隔てる大きな差異の本質といえよう。

4.4　福祉国家における低所得者層への課税政策

　ところで、こうした井手の提言、とりわけ消費税を介した低所得者層への課税強化という税制政策は、突拍子もないものなのであろうか。実のところ、そうとは言い難い。実際、左派やリベラル派の多くが福祉政策のモデル国と評価することの多い北欧諸国の課税政策に、井手的な政

策的特徴を見出すことができる。すなわち、低所得者層に対しても相応の負担を課すという政策は、井手を批判する左派的論者らが評価する福祉国家内で常態化している政策でもある。

　事実、北欧福祉の代表格であるスウェーデンでは、社会保障負担の大半は、日本的に考えれば逆進性が強い定率負担によるところが極めて大きい（湯元・佐藤 2010：229）。それでは、なぜスウェーデンでは、低所得者層にかなりの負担を課す消費税などの定率負担に対して、批判的な見解が限られているのであろうか。前出の湯元と佐藤は、その理由として次の3点を指摘している。

　1点目は、貧困対策に必要になるのは、そもそも貧困層の中核となる失業者に対して雇用機会を積極的に創出する政策を実施すること、すなわち積極的労働市場政策の強化だという認識が、累進課税の強化や定率負担に伴う逆進性の理論よりも強いからである（湯元・佐藤 2010：229）。2点目は、定率負担の色合いが強いスウェーデンの社会保障システムの下でも、所得の再分配がきちんと行われているからである（湯元・佐藤 2010：230-232）。そして3点目は、社会保険料を介して得られる各種手当や年金の額が、所得におおよそ比例したものとなっているからである。もちろん、手当の額や加算される年金権の大きさには上限があるため、中高所得者層では負担と受益の関係が必ずしも成立するわけではない。それでも、全体としては負担と受益の関係は顕著であるという（湯元・佐藤 2010：240）。

　このように、富裕層が一方的に貧困層を支えるという構図になっていないことが、スウェーデンの社会保障を支える税制の特徴である。こうした現状を鑑みたとき、井手が提唱する政策の内容は、実のところ、北欧的な政策に類似する部分が多いといえよう。筆者がわが国の福祉国家論者らを批判する井手を、敢えて福祉国家的な指向性を有する識者と評したのは、ベーシックサービスの保障という政策への支持と並行して、こうした税体系の類似性があることも理由の1つである。

5. 現代貨幣理論者による提言

　これまでに、わが国の社会保障に関する主要論者らのスタンスと政策内容について概説した。こうしたこれまでの論者と比較した場合、特異な立ち位置にあるのが現代貨幣理論（Modern Monetary Theory：MMT）と呼称される理論であり、その提唱者らの主張である。

　この理論の中核になるのは、「独自通貨を持つ国であれば」という前提の下、「自国通貨建てで政府が借金しても、高インフレにならない限り財政赤字は問題なく、また、仮にインフレになったとしても増税や政府支出の減少でコントロール可能」という考え方である（篠原 2019）。当然ながら、こうした理論は外国債ではなく、国内債がメインとなる日本の財政状況にあてはめやすいといえよう。

　同理論の支持者としては、ステファニー・ケルトン（ニューヨーク州立大学教授）、L・ランダル・レイ（バード大学教授）、藤井聡（京都大学教授）などを挙げることができる。また、松尾匡（立命館大学教授）は、反緊縮経済論を掲げているが、その趣旨は MMT と重複する部分が多い。

　松尾によると、MMT や反緊縮経済理論の世界的なうねりには、3 つの潮流があり、次の 4 項目は、各派に共通する経済的な認識になるという（松尾 2019）。

（1）通貨発行権のある政府にデフォルトリスクは全くない。通貨が作れる以上、政府支出に予算制約はない。インフレが悪化しすぎないようにすることだけが制約である。

（2）租税は民間に納税のための通貨へのニーズを作って通貨価値を維持するためにある。言い換えれば、総需要を総供給能力の範囲内に抑制してインフレを抑えるのが課税することの機能である。だから財政収支の帳尻をつけることに意味はない。

（3）不完全雇用の間は通貨発行で政府支出をするばかりでもインフレは悪化しない。

（4）財政赤字は民間の資産増（民間の貯蓄超過）であり、民間への資金供給となっている。逆に、財政黒字は民間の借り入れ超過を意味し、失業存在下ではその借り入れ超過は民間人の所得が減ることによる貯蓄減でもたらされる。

　こうした経済的視座がベースにあることから、MMT論者である藤井は、MMTのことを「国債の発行に基づく政府支出がインフレ率に影響するという事実を踏まえつつ、『税収』ではなく『インフレ率』に基づいて財政支出を調整すべきだという新たな財政規律を主張する経済理論」と指摘しているが（藤井 2019a、2019b）、これは言い換えれば、財政赤字を懸念し過ぎて、政府支出を抑制すべきではない、という趣旨になる。

　日本は、大量の国債発行に伴い巨額の債務を抱える国である。そうした中で、さらなる国債の発行も（従来、語られる程には）気にしなくてよいとも解釈できる主張に対しては、違和感を抱く国民は少なくないであろう。また、MMT論者による真意は別にして、こうした主張は、国民に「打ち出の小槌」的な心象を与えることから、安易な財政運営を危惧する向きも出てきて当然である。

　こうした事由もあり、MMT論者に対する批判は、新自由主義論者はもちろん、左派やリベラル派からも認められる。そして、彼らも含めた批判を展開しているのが前出の井手英策である。井手は、MMT論者や左派に対して「ようするに、税をつうじて人々の暮らしを保障するということが難しいふたつの国（日本とアメリカ）では、借金によるバラマキを左派が主張するしかない、ということではないでしょうか」と、評している（井手 2019：212）。

　仮にMMT的な見解が正鵠を射ているのであれば、わが国は「低〜中所得者層への課税」の相当部分を回避しつつ、ベーシックニーズを満たすことが可能になるはずである。それは、低所得者層も含め全体への課

税を強化することが、財源確保のみならず、結果として「分断社会を終わらせる社会保障制度の構築に資する」と説く、井手の提言を無用にするものである。なお、このMMTに関しては、直後に取り上げる髙橋洋一の主張部分でも取り上げることとする。

6. 髙橋洋一による現状認識

　ここまでの検証により、わが国の社会保障をとりまく現状に関しては、識者により相当の幅が認められることが確認された。それは当然ながら、本章の主要命題である「そもそもわが国において、介護福祉を含む社会保障領域における必要予算の確保は可能なのか」という問いへの答えを左右するものである。しかし、わが国の社会保障、および財源等に関しては、更に別な現状理解を表明する識者も見出すことができる。その代表格は、髙橋洋一（嘉悦大学教授）である。

　髙橋は、東京大学理学部数学科と経済学部経済学科を卒業した後、旧大蔵省理財局資金企画室長を歴任するなど、財務官僚としての経験が長い人物である。また、社会科学領域における識者であると同時に、自然科学系分野の数学を専攻の1つとし、理財局に勤務していた来歴から、統計学的な分析手法にも非常に明るい。そして、その髙橋による統計的手法から導き出された現状および近未来の日本社会に対する評価は、楽観的ではない部分もある一方、少なくない論者らが危惧する程には悲観的ではない。

　その一例として、髙橋は、わが国の人口減少が予測どおりに展開した場合、今後、わが国のGDPにどのような影響が出るのか、というシミュレーションを行っている。それによれば、人口減少はGDP成長率に対して最大で0.7％の影響が出るかどうかに過ぎず、マクロ経済指標には

ほとんど影響がない、と主張している（髙橋 2018：49-50）。

　同様に、髙橋は「先進国の人口増減率と 1 人あたり GDP 成長率の相関」を分析しているが、その結果によれば、両者の関係は、無相関になることが確認されている（髙橋 2018：53-55）。当然ながら、こうした分析結果は、「人口減少社会→経済の衰退→貧困の拡大」などの理論展開を採用する論者には、痛烈な批判となる。巷に広がる「人口減少社会危機論」に対する強い批判にこそ、データ重視論者としての立ち位置がみて取れるといえよう。もちろん、こうした髙橋のスタンスには、多角的な観点による現状理解の重要性も確認することができる。

　それでは、髙橋は、社会保障予算を含む日本の財政に関して、どのような現状認識を有しているのであろうか。その認識を要約すれば、楽観的になれない部分もあるが、さりとて、過剰に悲観する必要もない、ということになる。

　髙橋は、世界各国政府のバランスシート（対 GDP 比率）を比較することで、日本が世界一の債務大国であると同時に、実は世界一の資産大国でもあることを指摘する（髙橋 2021：64-72）。わが国では長年にわたり、「日本債務大国論」が流布しているが、それは、髙橋が指摘するところの債務 1,000 兆円以上という現実の一側面にのみ、我々国民の目が向くように（結果として）同種の情報が繰り返し報道されてきたことを意味する。当然ながら、債務大国論からは、「超高齢社会であっても、社会保障費の抑制やむなし」、「財政再建のためには増税やむなし」という見解が展開されることになる。

　しかし、髙橋が詳述するように、実は日本政府が抱える債務 1,000 兆円あまりのおよそ半分は、日本銀行が国債として保有しているものである（髙橋 2021:70-72）。この場合、本章の導入部分でも触れた「統合政府」の観点から（井上智洋 2014）、日本政府は日本銀行に対して、事実上、利払いをする必要がない。しかも国債の償還時期が来たならば、政府は新たな国債で償還し、借り換え行為を繰り返してきた（髙橋 2021：70）。また、ここでの詳細は控えるが、これにより政府が破綻するということはない。こうなると重要になるのは、債務の規模という

よりも、利払いの生じない債務が、債務のどの程度を占めているのか、ということになる。

　つまり、債務の総額が 1,000 兆円以上ある日本政府の場合、（日本銀行が国債として保有している約 500 兆円分を除いた）残りの 500 兆円あまりの債務には利払いが発生することになる。しかし、ここに日本債務大国論の落とし穴がある。というのも、日本政府は債務だけでなく、600 兆円余りの金融資産を有していることから、そこからの収益が見込まれるからである（髙橋 2021：71-72）。当然ながら、金融資産は売却する必要がない。利息が入ってくるからである。こうしたマクロ的な観点から見た資金の流れの結果、日本政府のバランスシートは、実際のところ、およそイーブンになると髙橋は指摘する（髙橋 2021：71-72）。このように、旧大蔵省理財局資金企画室長を歴任した経歴を有する髙橋の現状評価は、楽観的でもなければ、悲観的でもない。

　それでは、こうした現状認識を有する髙橋は、どのような社会保障政策を提示しているのであろうか。これに関しては、髙橋の主眼が社会保障政策にあるわけではないため（少なくとも筆者の把握する範囲では）、他の論者のような包括的な提言を確認することはできない。とはいえ、いくつかの重要な指摘を認めることはできる。

　髙橋は、わが国の社会保障制度の中核は、医療、年金、介護などの社会保険制度であることを前提に、社会保障と消費税に関して、およそ次のように指摘している。それらは、（1）所得が低く社会保険料を支払えない人の分は、所得が高い人の所得税によって賄われている、（2）社会保険制度の財源は、社会保険料と所得税であり、所得再分配が基本である、（3）そこに逆進性のある消費税が入り込む余地はない、（4）消費税は所得税や法人税のように景気に左右されない税である、（5）ゆえに、恒常的に必要になる地方自治体の公共サービスなどの財源に適している、（6）よって、消費税は本来、社会保障向けではなく、地方税として適している、というものである（髙橋 2021：103-104,109-113）。

　こうした消費税への評価から理解できるように、前出の井手英策が提

唱するところの消費税増税を基盤にしたベーシックサービス論に対しては、そもそも財源論からして否定的ということになるであろう。また、MMT論に関しては、数式モデルの裏打ちがなく、インフレ率を十分に考慮に入れない債務拡張容認論に過ぎない、さらにはリフレ派の経済理論の一部を我田引水的に援用した部分があるとして、手厳しく批判しているのが実状である（髙橋2021：75-79）。このように、髙橋の見解は、財源面において井手の見解とは相容れないものであることは明白であり、MMT論に至っては、論外という立ち位置といえよう。

7. 左派的論者への問い

　ここまでに、わが国の社会保障をとりまく主要論者らによる近年の言説とその特徴、および対立の構図について概観してきた。筆者個人としては、それぞれの識者の見解に共感する部分もあれば、疑問を抱く部分もある。その疑問の中核を占めるのは、左派やリベラル派は、増大する社会保障の必要予算が、将来においても引き続き大企業や富裕層に対する課税強化等で賄うことができると考えているのか、という点である。

　既述のとおり、井手の主張は、左派、リベラル派と比した場合、課税政策において、大きな違いが認められる。しかしその一方で、2017～2018年時点においては興味深い類似点もある。それは、財政収支の改善と対人社会サービスの自己負担との解消の双方を実現するためには、少なくとも年間30兆円以上の追加が必要になる、という推計値を井手が表明していることである（井手2018：162-163）。

　実は、この30兆円以上という追加の予算規模は、福祉国家構想研究会よる見積りと類似している。既述のとおり、福祉国家構想研究会（岡崎祐司・福祉国家構想研究会編2017）は、日本を真に福祉国家とする

ためには、年間 35 ～ 40 兆円の追加予算が必要になると算出している。そして、不公平な税制をただす会編（2018）は、その規模の予算が捻出可能になることを、独自の枠組みで叙述している。こうしてみると、わが国を真に福祉国家に移行させる1つの目安として、少なくとも年間（最低）30 兆円以上の追加財源の確保が必要という点で、主要論者間における見解は一致しているといえよう。ただしそこには、（前記文献が書かれた）「2017 ～ 2018 年時点では」という但し書きを付記すべきである。なぜなら、社会保障給付費は、2040 年までに 70 兆円の増額が推計されているからである（井手 2019：228）。

　問題は今後の費用の伸びを、税収力が強い間接税に頼ることなく、大企業や富裕層への課税強化を基軸にすることで、引き続き本当に担うことができると左派やリベラル派は考えているのか、また、仮にそうであるなら、その根拠は何か、ということである。井手が指摘するように、そもそも「北欧も含め、彼ら（大企業や富裕層）への極端な課税だけで格差を是正し、生活を保障している先進国は存在しない」ことから（井手ほか 2019：208）、将来にわたって間接税に頼らない生活保障の実現性には、疑念を抱かざるを得ないからである。

　もちろん、左派が指摘するところの防衛費の扱いに関しては、重要な論点であるとは認識している。しかし、社会保障費の増加額と防衛費とでは、規模が全く異なるという現実もあり、そうした左派的な費用削減策による社会保障費捻出には、かなりの無理があるのではないか、との疑問は残る。実際、（いわゆるローン部分を除けば）防衛費等は 5 兆円規模だが（東京新聞 2019）、これから 2040 年までに増大する社会保障給付費は、それだけでも前記のとおり約 70 兆円にも上るからである（ただし、この 70 兆円という追加規模に関しても、理論上、可能であると唐鎌直義は指摘する。これに関しては、第6章で取り扱うこととする）。

8，ベーシックサービス論者への問い

　これまでの筆致からも推察されるように、筆者は井手の提唱するベーシックサービス論に対して、おおむね肯定的な見解を有している。しかし、誤解のないように記しておくが、筆者はベーシックサービス論に対して、全面的に賛同しているわけではない。というのも、提唱されているベーシックサービス論では、結果として「地域間格差を助長しかねない」というシナリオが想定されるからである。

　ベーシックサービス論では、文字どおりベーシックなサービスを無償提供するため、「全員が負担者になることで、全員が受益者にもなる」という考え方が基底にある。しかし、現実レベルでの受益者（＝利用者）となるためには、無償化政策の対象となる学校、大学、病院、介護施設などの社会資源へのアクセスが容易でなければならない。そうでなければ、無償化されても利用に制約が生じるからである。

　この点、病院という社会資源1つをとっても、都市部と地方とにおけるアクセス機会の格差は著しい。しかも、コロナ禍を経てもなお、国は公立病院の統廃合や病床の大幅な削減を伴う「地域医療構想」を推進する姿勢を堅持している（松山2021：12）。そうなれば、地方における医療機関へのアクセスは、今後ますます悪化することは必至である。加えて、都市部と比して地方には低所得者層の割合が高く（村田2021：35-37）、さらにベーシックサービス論は、消費税という全国一律の間接税をベースにするため、地方の低所得者層にとっては、重い負担を強いられるだけで、受益者（＝利用者）になることは容易でない理論だ、ということになる。

　こうして、無償化政策という美名の下、皮肉にも、都市部と地域との更なる利用格差、負担格差が生じかねないことが、合理的に想定されるのである。だからこそ、青森県八戸市と青森市で総計8年間の大学教員生活をしてきた村田隆史の次の見解には、非常に重みがあるといえよう。

……私は井手英策氏が提唱する『ベーシックサービス』に共感していました。しかし、社会資源に大きな差がある中で、仮に保健・医療・福祉・教育を無償化した場合、得をするのは結局、東京都や大阪府、京都府などの人たちではないかと考えるようになりました。青森県や岩手県の人たちは税金を払うだけ払わされて、各種サービスが無償になったとしても、そもそも病院が少なく、介護施設も足りず、また大学の学費が無償になったとしても、近くにはたくさんの大学があるわけではありません。むしろ全国一律で無償を実現していくと、格差を助長することになるのではないかと感じています。(村田 2021：39)

　村田によるこの指摘は、ベーシックサービス論に内在する負の側面を、自らの実体験に基づいて的確に言い当てている。だからこそ、「無償化政策に伴う都市と地域との格差拡大を、どのように是正すべきか」という課題は、ベーシックサービス論の精度をより高める上で、重要な分析視角になるといえよう。

9.　純合計社会支出（純社会支出合計）と課税政策の「歪み」からみた現状理解

　このように筆者としては、自身が親近感を有する福祉国家構想研究会などによる左派的な見解はもとより、その対抗軸として目される井手英策のベーシックサービス論においても、少なからぬ疑問を抱いているのが実状である。とはいえ、自らの力量のなさ故に、改善策のトータルパッ

ケージを提起することはできない。

　しかし、自身の限定的な理解度であっても、次の見解は表明できると考えている。それは、「予算の確保」という視点は極めて重要になるが、それ以前に「現状の予算規模でも、相応の違いを生み出すことは可能だ」という認識から導かれる見解である。これに関しては、「純合計社会支出（もしくは、純社会支出合計）」の現状とその含意を理解することがポイントになる。その上で、前述した「予算の確保」、より正確には、「財源の増額」手法に関しては、わが国における税体制の構造的な歪みを認識し、その是正を実施することに「解」があると認識している。

　そこで本節では、①現状の予算規模でも、相応の改善は可能であること、②課税政策の歪みを是正することによる税収確保の重要性、の２項目について叙述する。これにより、わが国の介護福祉制度を含む社会保障制度の全般において、「買う福祉」から「権利としての社会保障」への途を模索することは、決して極論ではなく、むしろ妥当ですらあるという見解を概説する。

9.1　純合計社会支出（純社会支出合計）からの現状再考

　はじめに、①の「現状の予算規模でも、相応の改善は可能である」に関しては、実は拙稿（阿部 2021d：124-130）において、既に叙述している。すなわち、本項での記述は、私見の再掲となる。もっとも、前作に引き続き「わが国の介護福祉士養成教育をとりまく現状を、如何にして改善すべきか」という命題に対し、前記拙稿とは異なる分析視角および資料を用いて検証したものの、それでもやはり、導かれた解の１つは同じであった。よって本項では、前記①に関しては、敢えて積極的な事由から再掲することとする。

　社会保障の規模を国際比較する場合、公的な社会支出が比較対象になることが少なくない。しかし、公的な社会支出が少ない国の場合、必要なニーズに対応するため、家計を中心とする私的部門の支出を増やさざるを得ない可能性が高くなる。換言すれば、負担の仕方は異なっても公

私を併せたトータルとしての社会支出負担で捉えた場合、国家間の差異は小さくなるのではないか、ということである（宮本編 2011：154-155）。そこで、公私双方の負担を統合した（対 GDP 比）指標として注目されるのが「純合計社会支出」である。ここでは、この純合計社会支出に関するデータを、2007 年、2013 年、2017 年の 3 つの時期に分けて概説する。

　はじめに、内閣府「社会保障・税一体改革の論点に関する研究報告書」に記載された 2007 年の結果をみると、「高福祉とされてきたスウェーデン（粗公的社会支出、対 GDP 比 32.1％）とアメリカ（同 17.4％）の差は、〔公私負担を統合した純合計社会支出でみた場合〕僅か 0.3％ポイント（＝ 27.8-27.5）に縮小した」とある（内閣府 2011：20）。また、同じ 2007 年の結果でみると、日本の純合計社会支出は、実は福祉国家と評される北欧のノルウェーやフィンランドよりも高く、全体としてみても OECD の平均を超えていた（内閣府 2011：20）。その意味で、日本の純合計社会支出が低いわけではないことが理解される。

　しかし、純合計社会支出は OECD の平均以上であるにもかかわらず、日本の貧困削減率（2000 年代半ば）は、ほとんど最下位にある。事実、OECD（2009）のデータから作成された「世帯の就業形態別の貧困削減率の国際比較」によると、「成人全員が就業している世帯」、「有業者がいる世帯」、「世帯主が労働年齢の全世帯」のいずれにおいても、貧困削減率はほぼ最下位に位置しているか、むしろ逆機能すら起こしている（内閣府 2011：16）。

　こうした現実を踏まえ、大沢真理（東京大学名誉教授）は、「使っているお金は少なくないのに、貧困を抑えられていない。つまりは、きちんと再配分ができていない、コストパフォーマンスが悪いということなのです」と指摘している（宮本編 2011：154-156）。また、前出の内閣府「社会保障・税一体改革の論点に関する研究報告書」では、大沢の「歳入を増やして再分配を強化することは、私的負担の減少にもつながり、必ずしも公私をあわせた家計の純負担の全体を増やすことにはならない」との見解を紹介している（内閣府 2011：20）。要するに、公的

145

責任による社会保障政策の規模とパフォーマンスの双方における改善が強く求められる、ということである。

　同様の見解は、その後の 2013 年のデータからも確認することができる。たとえば、【表 5-3】の OECD の日本語資料「社会支出は多くの OECD 諸国で、過去最高水準で高止まりしている」によると、「総公的社会支出、総私的社会支出、税制の影響を総合すると、純社会支出合計の指標が得られる」との記載がある（OECD 2016a：7）。前出の内閣府「社会保障・税一体改革の論点に関する研究報告書」では「純合計社会支出」が、後年の OECD の日本語版資料では「純社会支出合計」になっており、表現に微妙な差があるが、その意味は同じである。事実、【表 5-3】の元々の表現（英語版の 7 頁）では、純社会支出合計は "net total social expenditure" と、内閣府の報告書に記載されていた英語表現と同じになっている（内閣府 2011：20）（OECD 2016b：7）。

　こうした前提を踏まえ、ここで注目すべきは日本の立ち位置である。前出の OECD（2016a、2016b）の資料（ただし、元データは 2013 年度）を基に作成された【表 5-3】によると、日本の総公的社会支出は、純社会支出合計になると、その順位を大きく上げている（→調査対象となった 34 カ国中の 14 位から 6 位へ上昇）。このように純社会支出合計の国際比較において順位が上がっているのは、公的部門からの支出が少なく、総私的社会支出を多くせざるを得ない状況であることを意味している。

　なお、日本と類似するケースは、オーストラリア、カナダ、アメリカにおいて見受けられる。その中で、象徴的な国はアメリカである。実際、総公的社会支出の順位は（34 カ国中の）24 位に留まるのに対して、純社会支出合計では 2 位へと躍進している。その背後にあるのは、限定的な公的医療保険をカバーする目的で、医療費の私的負担に多くの国民が苦悩している現実である。

　アメリカは日本と同様に、純社会支出合計では上位に位置するものの、貧困層拡大社会である。【表 5-3】にある純社会支出合計の観点から見た場合、そのアメリカや日本の前後に位置する国は、ベルギー、デンマー

【表 5-3】総公的社会支出と純社会支出合計の国際比較順位（2013年度）：対 GDP 比

国名	総公的社会支出の順位	純社会支出合計の順位
フランス	1	1
アメリカ	24	2
ベルギー	3	3
オランダ	15	4
デンマーク	4	5
日本	14	6
スウェーデン	7	7
イタリア	5	8
イギリス	17	9
ドイツ	11	10
ポルトガル	10	11
フィンランド	2	12
オーストリア	6	13
ギリシャ	9	14
スペイン	8	15

出典　OECD（2016a：7）
（調査対象となった 34 カ国中、純社会支出合計の上位 15 カ国までを掲載）

ク、スウェーデンである。オランダに至っては、総公的社会支出の順位と純社会支出合計の順位のいずれにおいても、日本の近いところに位置している。しかし、これらの国の貧困率（とりわけ片親家庭の子どもの貧困率）は、日本の値よりも大幅に低く抑えられている。

　こうなると、前述した大沢真理の（全体として）「使っているお金は少なくないのに、貧困を抑えられていない。つまりは、きちんと再配分ができていない、コストパフォーマンスが悪いということなのです」、「歳入を増やして再分配を強化することは、私的負担の減少にもつながり、必ずしも公私をあわせた家計の純負担の全体を増やすことにはなら

ない」という言葉の重みを、2013年時点においても、再確認せざるを得ないといえよう。すなわち、公的責任による社会保障政策の規模とパフォーマンスの双方における改善が強く求められる、ということである。

　そして、前掲した調査項目に関する最新のOECD国際比較データが【表5-4】になる（OECD 2020）。ここでは、純社会支出合計の上位15カ国のみを掲載しているが、2013年度のデータとの比較で、同表にある2017年度の日本の順位を見ると、「総公的社会支出」の順位は14位から13位へと大きな変化は見られない。しかし、「純社会支出合計」の順位は、6位から12位へと明らかに低下していることが確認できる。

　それでは、日本が「純社会支出合計」の部分で順位が低下した理由は何か。その詳細な理由について、OECDは明言していない。ただし、無理のない解釈の1つとして成立するのは、この間の可処分所得の低下に伴い、限定的な公的支出を補うだけの私的負担が過重になってきたことによる（純社会支出合計）順位の低下だという見解である。換言すれば、高所得者層にとっては必要経費の自己負担に大きな問題はないものの、低〜中所得者層にとっては、たとえば、医療や福祉分野における（健康上の理由等から、本来ならば支出した方が良いであろう）私的負担を抑制してでも、日々の食費や住居費等への支払いが優先されている、ということである。

　実際、「39歳まで」、「40〜64歳まで」、「65歳以上」の年齢階級で分類したわが国における世帯主年齢階級別の可処分所得は、「2人以上勤労者世帯の可処分所得」、「単身勤労者世帯の可処分所得」、「無職世帯を含む高齢世帯の可処分所得」のいずれにおいても、「1990年代は増加するも2000年以降では減少傾向」となっている（内閣府 2019）。

　そうしたデータがあればこそ、わが国における相対的貧困率が、およそ6.5人に1人と高止まりしている現実があるといえよう（厚生労働省 2020b：14）。また、この貧困率は、国際比較の観点からみても高い水準のままである（OECD 2017）。とりわけ、片親世帯の場合の相対的貧困率は、主要国中最下位水準に留まっている（小林 2020:5）。しかも、当初所得ジニ係数と再分配所得ジニ係数を比較すれば、再分配後のジニ

【表5-4】総公的社会支出と純社会支出合計の国際比較順位（2017年度）：対GDP比

国名	総公的社会支出の順位	純社会支出合計の順位
フランス	1	1
アメリカ	21	2
ベルギー	4	3
ドイツ	8	4
デンマーク	3	5
スイス	25	6
イタリア	5	7
オランダ	27	8
フィンランド	2	9
スウェーデン	7	10
オーストリア	6	11
日本	13	12
イギリス	17	13
カナダ	22	14
ノルウェー	9	15

出典　OECD（2020：6）
（調査対象となった36カ国中、純社会支出合計の上位15カ国までを掲載）

係数は、「2000年代以降は、概ね横ばい」にあることが確認できる（井上誠一郎2020：5）。これらの事実は、公的政策がなすべき改善策を十分にしてこなかったことを如実に表している。

　すでに多くの国民にとって、更なる私的負担の追加は、【表5-3】と【表5-4】との比較からも分かるように、非常に厳しい状況である。こうした事実を認めた場合、今日においてもなお、前記の大沢の見解——「使っているお金は少なくないのに、貧困を抑えられていない。つまりは、きちんと再配分ができていない、コストパフォーマンスが悪いということなのです」——を繰り返し指摘せざるを得ないのが実状である。

たしかに、自己責任を重視する社会保障観は、自己責任であるが故に、貧困率の削減に有効であるように捉えられがちである。しかし、繰り返しになるが、そうした自己責任論を重視するアメリカや日本の社会保障政策が生み出す貧困の割合は、高止まりしているのが現実である。なぜなら、貧困を生み出す主因が、自己責任によるものよりも、制度・政策によるもの、すなわち、構造的な側面にあることが多いからである。

9.2　課税政策の「歪み」からみた現状再考

　このように筆者は、現状の予算規模でも、再配分のありようを改善することで、「相応の違いを生み出すことは可能になる」とする見解を支持している。その上で、本節導入部分でも記したように、課税政策の構造的な「歪み」を直視することにより、さらなる改善が見込まれるとも認識している。そこで本項では、事実上の減税政策として機能し、かつその正当性が極めて疑わしい補助政策が、主に大企業や富裕層を対象に実施され、相当規模の税収減が生じている現実に注目する。換言すれば、新たな税を国民に課さずとも、歪んだ課税政策を是正することで、大幅な税収増を見込むことができる、とする見解である。

　わが国では、大企業に対する課税政策の極端な優遇、とりわけ大企業法人税への軽減政策が、長年にわたり実施されてきた。この点に関して、筆者がその事実に注目する契機となったのは、本論執筆時において、既に 15 年あまり前に行われた金融庁の国会答弁である。

　年度により幅はあるものの、わが国における多くの法人は、法人税を払っていない。その理由は、赤字企業の存在はもちろんだか、それ以外にも課税所得を圧縮するさまざまな仕組みが存在しているからでもある。これに関して、2008 年 10 月 29 日、財務金融委員会が開かれ、3 メガバンク・グループ 6 銀行——みずほ銀行、みずほコーポレート銀行、みずほ信託銀行、三菱東京 UFJ 銀行、三菱 UFJ 信託銀行、三井住友銀行——が、1998 年度から 2007 年度までの 10 年間にわたって、国に納める法人税を全く支払っていない実態が明らかになった。こ

れは佐々木憲昭　衆議院議員（当時）の質問を受け、金融庁側が「おお
むね 10 年間は納税していない」と認めたことによるものである（佐々
木 2008）。

　このような異常事態が生じた背景には、特に法人税納付に際し、過去
の損失を 7 年間繰り越して黒字と相殺できる仕組みの影響が極めて大
きかった。また、富岡幸雄（中央大学名誉教授）によると、こうした様々
な軽減策を用いることによる実効税負担率（2008 ～ 2012 年度の 5 期
の通算）は、みずほ銀行 0.5％、三井物産 5.5％、三菱商事 5.8％などとなっ
ている（富岡 2014：17）。このような現状を前に、筆者は大企業法人
税の軽減政策に注目せざるを得なくなった。名目上の税負担と実効税率
負担の落差が、あまりに大きいと認識したからである。そして、こうし
た大企業優遇税策は、本論を執筆している 2022 年時点においても認め
ることができる。

　わが国の課税政策には、大企業や富裕層に対する様々な課税軽減策が
組み込まれている。それらは「租税特別措置」と称される施策の束であ
り、総計 367 項目にも及んでいる（2022 年 1 月時点）。そして、同措
置に伴う税収減は、国の一般会計決算（2020 年度）60 兆 8,216 億円
の約 13％にあたる 8 兆 478 億円とのことである（朝日新聞 2022a）。
その減収額を消費税に換算すると、約 3％分に相当するとのことである
から（朝日新聞 2022a）、その「特別措置」の特別度合いが理解される
というものである。

　もっとも、租税特別措置は、名目上は大企業や富裕層にのみ特化され
るものではない。とはいえ、大企業や社会経済的に富裕な者に対して、
有利に機能する側面が非常に強い施策なのは事実である。たとえば、租
税特別措置の 1 つである「研究開発減税」は、「企業数では全体の 0.1％
にも満たない資本金 100 億円超の大企業」に対する、事実上の減税政
策として機能している（朝日新聞 2022b）。実際、2020 年度の研究開
発減税（5,053 億円）の約 76％が、前述した 0.1％にも満たない大企
業によって占められている（朝日新聞 2022b）。

　こうした法人税関連の租税特別措置によって多大な恩恵を受けている

大企業は、その減税効果を開示し、以て国民からの理解を得ることが重要になる。これは当然の理論的帰結である（国税庁 2015）。しかし、その可視化を期待された租特透明化法（2010 年）は、事実上、骨抜きにされている。

　実際、前記「研究開発減税」を介して恩恵を受けている企業名および減税効果に関する詳細などは、開示対象とはなっていない（朝日新聞 2022b）。当該減税策に関して把握できるのは、上位 10 社の適用額程度である。当然ながら、企業名が非開示である以上、特権待遇の大企業には何らの説明責任も生じることはない。

　こうした特別待遇が生じる理由は、透明化法の「非透明化」を渇望する経済界側と、それを受け入れる政治勢力が主流となっているからである。わが国の政治家の多くは、経済界の特別待遇要求を受け入れつつ、国民に対しては「みんなで支える消費税」、そして、国債発行などの形で、増税政策の実施を強く主張しているのが実情である。

　このような現実があればこそ、多くの国民が可処分所得の低下に苦しんでいる一方、大企業などの財力は、相当規模になっているのである。だからこそ、消費税の存在を考慮に入れなくても、「企業課税の欠陥是正で財源は十分賄える」と主張する前出の富岡の見解を、極論に過ぎないなどと頭ごなしに否定することはできないであろう（富岡 2019a、2019b、2019c、2019d）。同様の姿勢は、山家悠紀夫による「日本国内には 360 兆円もの余剰金がある」旨の指摘にも当てはまる（山家 2021）。

　こうした知見を鑑みたとき、「自己責任論を国民に向けて繰り返す国や経済界の論調は、何を意味するのか」と自問する姿勢が、我々国民にとって重要になるといえよう。そして、このような見解が合理的に導き出せるが故に、課税政策の構造的な「歪み」の是正となる「不透明な特別措置の廃止」を介した、「課すべきところに適切に課税することによる税収増」および「それによる社会保障費の充実」という見解には——前出の「不公平な税制をただす会」のように、社会保障最優先との立場を採らないとしても——相応の説得力があると評さざるを得ないの

である。

10. 迅速に実施すべき施策

　ここまでに、各識者の主張と改善策を踏まえつつ、主に総公的社会支出と純合計社会支出（純社会支出合計）の国際比較順位の観点から、わが国における社会保障制度のコストパフォーマンスの劣悪さを指摘した。その後、特に大企業に対する過剰な優遇政策の常態化、および当該施策の妥当性が疑われる実情を叙述した。こうした知見を踏まえ、筆者として重視しているのは、前出の大沢の発言にある「歳入を増やして再分配を強化することは、私的負担の減少にもつながり、必ずしも公私をあわせた家計の純負担の全体を増やすことにはならない」の部分である（内閣府 2011：20）。なぜなら、この大沢の指摘を直視すれば、是正するキーになるものを、次の３点に集約することができるからである。
　１つ目は、「歳入を増やして」の部分に対応する「課税対象および課税率の拡大」である。２つ目は、「再分配を強化する」の部分に対応する「所得再分配機能の大幅な是正」である。そして３つ目は、「私的負担の減少にもつながり、必ずしも公私をあわせた家計の純負担の全体を増やすことにはならない」の部分に該当する「総私的社会支出の削減に寄与する税制改革」である。
　そして、これら「課税対象および課税率の拡大」、「所得再分配機能の大幅な是正」、「総私的社会支出の削減に寄与する税制改革」という３つの方向性は、最初の「課税対象先（→消費税）」の部分での相違を除けば、井手の提言と（いわゆる）左派やリベラル派の見解に、大きな違いはないと評することができる。
　この点、国民の多くは、消費税を増税された場合、それが「所得再分

配機能の大幅な是正」と「総私的社会支出の削減に寄与する税制改革」につながるとは認識していない。事実、既述のとおり、社会保障・税一体改革において、消費税を5％から10％に引き上げた際には、その約8割が「社会保障の生み出す借金」を減らすという名目で、債務削減に使用された（井手2021：153）。そうした経緯があるからには、増税とは債務返済行為に等しい、という認識を多くの国民が有していても、何ら不思議ではない。

　こうした現状認識に依拠したならば、「所得再分配機能の大幅な是正」と「総私的社会支出の削減に寄与する税制改革」に資する政策を、国に先行実施させること、少なくとも迅速に実施させることが重要になるのではなかろうか。これらの先行実績があってはじめて、国民は増税を（現状改善に資する）「希望の増税」と見做すことができるのかもしれない。不幸にしてわが国では、増税によって超高齢社会を乗り越える上での社会保障の充実がもたらされた、という成功体験を実感できない国民が多数派であろう。そうである以上、どうしても必要になるのは、目に見えた成功体験になると考えられるのである。

小括

　本章では、わが国の社会保障をとりまく現状について、主たる識者らの見解を叙述した上で、彼らの見解の類似点、相違点、および対立構造の現状について概観した。各識者による様々な見解が表明されたが、ポイントになるのは、およそどのようなスタンスを支持するとしても、既存のデータを踏まえたならば、「所得再分配機能の大幅な是正」と「総私的社会支出の削減に寄与する税制改革」に資する政策を、国に先行実施させること、少なくとも迅速に実施させることが重要になるのではないか、という見解が導かれる点である。換言すれば、それは「社会保障予算の確保」に対するスタンスの差異にかかわらず、各識者からの合意を得やすい施策になるであろう、ということである。

その上で、筆者として注目するのは、前出の井手のコメント――すなわち、「生活保護の1割カットという尋常ではない、言語道断ともいうべき主張があっさりと有権者に受けいれられた事実を、リベラルは重く受けとめるべきだろう。弱者切り捨ては、『民意』としての側面ももっていたのである」（井手2018：67）が示唆する一足飛びでの抜本改革の困難さである。消費税増税を基軸にしたベーシックサービスを提供するライフセキュリティー政策を提唱するという、ある意味、左派やリベラル派の主張以上にドラスティックな政策提言に井手が辿り着いた現実にこそ、この国での改革の困難さが見出せるともいえよう。

[注]
（1）　ただし、こうした井手的な解釈である「低所得層による低所得者層叩き」に関しては、それとは異なる解釈を支持する分析結果が認められる（阿部彩ほか2019：145-158）。

第 6 章

わが国の社会保障財源に関するマクロ的観点からの再考

——社会保障領域における必要予算の確保は可能なのか——

本章の目的

　前章では、様々な論者が提唱するわが国の社会保障をとりまく現状認識および現状改善策を叙述した。また、その結論として「所得再分配機能の大幅な是正」と「総私的社会支出の削減に寄与する税制改革」に資する政策を、国に先行実施させること、少なくともそうした政策を迅速に実施させることが重要になるのではないか、という筆者としての見解を表明した。

　こうした見解を踏まえ、本章では、前章で取り上げた「純社会支出合計」とは異なるマクロ的尺度を用いて、わが国の社会保障をとりまく状況を、今一度、マクロ的観点から検討することに主眼を置く。その尺度とは、「国民1人あたりの社会支出の国際比較」と「国際競争力ランキング」である。そして、これらの観点から導かれる分析結果に、前章までの知見を一体的に捉えたならば、「所得再分配機能の大幅な是正」と「総私的社会支出の削減に寄与する税制改革」を重視した公的施策の早急な実施が必要になるのではないか、という前章までの結論の妥当性が再確認されることになる。そして、「（介護福祉を含む）社会保障領域における必要予算の確保は可能なのか」という重要な問いについて、筆者なりの回答が導かれることになる。

【表6-1】国民1人あたり社会支出の国際比較（2015年）

	1人あたり国民所得（ドル）	社会支出率（%）	1人あたり社会支出（ドル）	指標
スウェーデン	52,042	41.49	21,592	100
フランス	37,402	45.10	16,868	78
ドイツ	42,024	36.20	15,213	70
イギリス	43,449	30.67	13,326	62
日本	35,614	30.96	11,026	51
アメリカ	58,291	30.61	17,843	83

出典　唐鎌直義（2021）

1. 国民1人あたり社会支出の国際比較

　はじめに、国民1人あたりの社会支出の国際比較について叙述する。社会支出[1]とは、当該国の国民に給付した社会保障費の総額に、設備整備費などを加えた総額のことである。それは社会保障の規模を把握する上で、1つの目安になるものである。そしてOECDによる社会支出のデータを用いて、唐鎌直義が作成した国際比較の資料が【表6-1】になる（唐鎌2021：23-26）。

　同表によると、スウェーデン国民1人あたりの社会支出を100とした場合、日本は同表にある6カ国の中では、段違いで最下位の51となっている。もっとも、両国の「1人あたり国民所得」の差は大きく、スウェーデンの1人あたり国民所得（52,042ドル）と、日本の1人あたり国民所得（35,614ドル）との間には、16,428ドルもの隔たりがある。それ故、この2カ国を比較することの妥当性に違和感を覚える人がいても不思議はない。

　そこで、フランスの1人あたり国民所得（37,402ドル）を、日本の1人あたり国民所得（35,614ドル）と比較すると、およそ同程度であ

【表6-2】分野別にみた国民1人あたり社会支出の国際比較（2015年）（単位：ドル）

	高齢	遺族	保健	障害・労災	家族	失業	積極的労働市場政策	住宅	生活保護その他	計
スウェーデン	7,328	260	5,074	3,669	2,852	265	1,020	356	765	21,592
フランス	6,646	898	4,612	946	1,537	849	524	430	426	16,868
ドイツ	4,648	1,030	4,992	1,920	1,286	508	353	311	164	15,213
イギリス	4,293	30	4,558	1,151	2,051	161	113	908	61	13,326
日本	5,086	609	3,743	506	694	85	75	57	171	11,026
アメリカ	4,646	478	10,178	1,090	466	146	76	187	577	17,843
6カ国平均	5,441	551	5,526	1,547	1,481	336	360	375	361	15,978

出典 【表6-1】に同じ。

ることが分かるため、これら2カ国は比較対象国となり得る。しかし、国民1人あたり社会支出の指標は、フランスが78であるのに対して、日本は51となっており、27もの格差が生じている。こうした現実を前にすれば——前章の【表5-3】と【表5-4】で紹介した——総公的社会支出と純社会支出合計の国際比較順位（の推移）から導かれた知見にとどまらず、1人あたり社会支出の観点からみても、わが国の社会保障は（国力の観点からみて）かなり低水準であることが確認できる。

それにしても、日本とフランスの「1人あたり社会支出」の何に、それ程までの格差が組み込まれているのであろうか。その点に関しては、これも唐鎌が作成した【表6-2】から確認することができる。唐鎌は、社会支出を9つの項目に細分化することで、日本の社会保障政策が抱える脆弱領域を可視化させている（唐鎌2021：24）。

この【表6-2】の網掛け部分に注目すれば明白であるが、日本は「1人あたり社会支出」が、「障害・労災」、「家族」、「失業」、「積極的労働市場政策」、「住宅」、「生活保護その他」の6分野において、6カ国平均との比較においてはもちろんのこと、「1人あたりの国民所得」が同レ

ベルのフランスとの比較においても、決定的に低支出であることが理解
できる。よって、これらの部分が、日本と他国との格差を生み出した主
要項目となる。

　なお、唐鎌は、これら6分野における支出を、その内容を踏まえ「貧
困関連社会支出」と命名している。換言すれば、これだけ限定的な社会
支出しか実施されていないからこそ、わが国において、障害、失業、貧
困に喘ぐ人々は、「社会的弱者」であり続けることを「強いられている」
面があることを否定できないといえよう。その意味で、わが国における
「社会的弱者」は、政策的、構造的に生み出された弱者である面が非常
に強い、ということになる。

2．高齢化率と対GDP比からの再考

　もっとも、高齢化率が高ければ、政策分野別の社会支出に偏りが生じ
ても、それは致し方ないとする反論は容易に推察される。たとえば、「日
本の高齢化率は世界最高水準であることから、高齢者分野への支出が多
くを占めるのは当然のことであり、致し方ない」とする見解である。し
かし、このような主張には、十分な説得力が伴っているとは言い難い。

　この点を考察する目的で、前掲した政策分野別社会支出の国際比較と
なる【表6-2】に、高齢化率と社会支出の対GDP（国内総生産）比を組
み合わせた【表6-3】をご覧頂きたい（厚生労働省2020c：124）。こ
れによると、日本の高齢化率は27.7％（2017年時点）、社会支出の対
GDP比は22.7％となっている。これに対して、日本の「1人あたり国
民所得」と同程度であることから、先にも比較対象としたフランスの高
齢化率を見てみると、18.9％（2015年時点）となっている。日本より
9ポイントあまり低いものの、社会支出の対GDP比は32.2％となって

【表6-3】政策分野別社会支出の国際比較

社会支出	日本 (2017年)	イギリス (2015年)	アメリカ (同左)	スウェーデン (同左)	ドイツ (同左)	フランス (同左)
対GDP(国内総生産)比	22.7%	22.5%	24.5%	26.7%	27.0%	32.2%
高齢	10.4%	7.2%	6.4%	9.1%	8.3%	12.7%
遺族	1.2%	0.1%	0.7%	0.3%	1.8%	1.7%
保健	7.6%	7.7%	14.0%	6.3%	8.9%	8.8%
障害、業務、災害、傷病	1.1%	1.9%	1.5%	4.5%	3.4%	1.8%
家族	1.6%	3.5%	0.6%	3.5%	2.3%	2.9%
積極的労働市場政策	0.1%	0.2%	0.1%	1.3%	0.6%	1.0%
失業	0.2%	0.3%	0.2%	0.3%	0.9%	1.6%
住宅	0.1%	1.5%	0.3%	0.4%	0.6%	0.8%
比較的若い世代への支出合計*	3.1%	7.4%	2.7%	10.1%	7.8%	8.2%
高齢化率	27.7%	14.6%	18.1%	19.6%	21.1%	18.9%

出典　厚生労働省（2020c：124）
［注］なお、出典において、日本のデータは2017年のものを使用し、他国については
　　　2015年のものを使用しているので、ここではそれをそのまま採用した。
＊「比較的若い世代への支出合計」とは、「障害、業務、災害、傷病」から「住宅」ま
　での項目の総計を意味する。

おり、実に10ポイントもの開きがある。また、社会支出の対GDP比では日本と同水準になる（2015年当時の）イギリスと比較しても、高齢化率は13ポイントもの開きがある。

　ちなみに、【表6-3】以降のデータになるOECD加盟諸国における社会支出の対GDP比を見ると、平均約20.1％（2018年時点）となっており、日本の21.9％はその平均値を上回っている（一般社団法人　日本ソーシャルワーク教育学校連盟編2021：263）。しかし、これは【表6-3】にあるような高齢化率を考慮に入れておらず、単純に社会支出の対GDP比に注目した場合の値である。

　すなわち、こうした数値およびその含意を踏まえたならば、わが国の社会保障は——社会支出の政策分野別の偏りをいかに評価すべきか、という以前に——前出の唐鎌が指摘した「国民1人あたり社会支出」の観点から導かれた見解と同様に、高齢化率や対GDP比の観点からも、極めて限定的な社会支出に留まっている、との結論を再確認せざるを得

ないのである。それは同時に、わが国の社会保障政策が単に抑制的であるのに留まらず、市場化政策の加速化を含め複合的な側面を併せ持っていることの重大性を再認識させられるものである（松山 2021：9-17）（横山 2021：2-8）。

３．求められる追加予算の規模

　それでは、一体、どの程度の追加予算があれば、望ましい社会保障制度の実施が可能になるのであろうか。それは当然ながら、どのような水準の社会保障制度を目指すのかにより、大きく左右されることになる。そうした前提の上で、前出の唐鎌は、「１人あたりの国民所得」が同レベルのフランス並みの「１人あたり社会支出」を目指すためには、年間だけで 74 兆円以上の追加が求められると指摘している（唐鎌 2021：26）。「１人あたりの国民所得」が同レベルの国との比較で、年間さらに 74 兆円以上が必要になる、という指摘は——少なくとも、筆者としては——あり得ない規模の追加予算のように思われる。単純に数値だけをみれば、論外との心証すら抱くのが偽らざるところである。

　しかし、フランスと日本は、「１人あたりの国民所得」がほぼ同レベルなのである。それにもかかわらず、前掲した【表 5-3】と【表 5-4】の国際比較順位のいずれにおいても、フランスは——総公的社会支出と純社会支出合計の双方において——国際比較の第１位となっている。「１人あたりの国民所得」が同レベルの国との間に、なぜこれ程までの差が生じてしまうのかを考えたならば、唐鎌の主張を安易に論外だと評することは、慎むべきであろう。

　もっとも、唐鎌が 74 兆円と指摘する追加予算の額は、いわゆる左派的な論者の中でも大きな幅がある。たとえば、前章で紹介した福祉国家

構想研究会は、非勤労者の所得保障、必要な基礎的社会サービスの無償・現物給付方式での保障、居住保障などの諸政策を満額で実現する場合に必要となる追加支出規模（公的財政と社会保険）として、年間約32.7兆円を想定している。同様に、不公平な税制をただす会は、「消費税増税をせずとも38兆円の財源が得られることになる」という主張を展開している（第5章参照）。

　また、前出の唐鎌と同一論調になる山家悠紀夫は、高齢化率を考慮に入れた場合、社会保障支出を44兆円増加させる必要があると指摘している（山家 2019：301-302）。そして左派やMMT論者を批判する井手英策は、財政収支の改善と対人社会サービスの自己負担との解消の双方を実現するためには、少なくとも年間30兆円以上が必要になる、という推計値を表明している（井手 2018：122-163）。これは前述した唐鎌が主張するフランス並みを目指す上での予算の半分にも満たない数値である。

　このように、必要となる経費は、その計算根拠の前提次第で、類似のアウトプットを標榜する論者間においても大きく異なるのが実状である。とはいえ、いずれの論者の計算方法に依拠した場合でも、「わが国の国力からして、社会支出、すなわち、社会保障領域における公的支出は、間違いなく限定的だ」と評することは妥当である。しかし同時に、日本は貧困層拡大社会である。それ故、本来であれば、「応能負担の原則」、「必要即応、必要充足の原則」をベースにした社会保障領域における公的政策の再構築という視点が重要になることは間違いないであろう。

　なお、安發明子はOECD（2022）と労働政策研究・研修機構（2022）のデータを引用する形で、次のように指摘している。

　　OECDの2021年の統計によると、価格水準指数はOECD平均（100）に比べ日本（103）、フランス（98）と、日本のほうがやや物価が高い。それに対し、2019年の時間あたり賃金（購買力平均換算）は、日本を100とするとフランスは150であり賃金が高く、同年の労働費用も日本100に対してフランスは163と高い。つまり、日本

の方が物価は高いのに、収入は3分の2ほどということだ。日本をもっと住みやすい国にするために声を上げるときが来ているのではないだろうか。（安發2022：46-47）

　フランスと日本との対比を含む前掲の【表6-1】〜【表6-3】も鑑みた時、筆者は安發の見解に賛同するものである。

4．国際競争力の観点からみた日本の立ち位置

　前節では、わが国の社会保障の著しい限定性を、「国民1人あたり社会支出」の観点から考察した。次に、多様な指標を組み合わせた「国の総合力」を表す指標ともいえる「国際競争力ランキング」に注目する。
　「国の総合力」に関する国際比較は、長年にわたり、いくつもの研究機関から公表されてきた。そして本書では、1989年以降、同領域において継続的な分析結果を公表している国際経営開発研究所（International Institute for Management Development）による「世界競争力年鑑2020」に収録されたデータを基に、三菱総合研究所が再編した分析結果を紹介する。なお、分析対象となったのは63の国と地域である。
　「国の総合力」に関する数ある先行研究の中で、今回、敢えて（三菱総合研究所が再編した）前記資料を採用した理由は、国際比較をするにあたり、客観的な比較が可能な統計データ（163指標）のみに基づく競争力ランキングが開示されていたからである。実は、少なくない国際比較においては、国民に対するアンケート調査に代表される「主観的な評価」も組み込んだ上で、総合評価を算出しているケースが散見される。この点、前出の「世界競争力年鑑2020」においても、元々は、客観的

な統計データとなる163指標に、アンケートデータの92指標を組み合わせた総計255指標を用いて、「国の総合力」としてのスコアが算出されている。

しかし「主観的なデータ」は、回答者が有する社会的属性や価値観など、個人レベルでのバイアスと一体化する傾向がある。そこで三菱総合研究所では、元の分析結果から客観的な統計データ（163指標）のみを抽出し、その結果に依拠した「改訂版　世界競争力ランキング」を公表している。こうした事由により、今回はこの改訂版の分析結果を採用した。

なお、同ランキングを算出する際には、雇用、教育、健康など社会保障領域に関係する指標も組み込まれているが、それらは数ある指標の中の一部分に過ぎない。その意味で本分析から導かれる結果は、社会保障以外の側面もかなり反映した（当該国や地域の）総合力評価になるといえよう。そして、63の国や地域を分析対象にした中で、上位30位までに入る総合力の高い国、地域を列挙したものが【表6-4】である（酒井博司2020a、2020b、2020c）。

この【表6-4】からは、多くの知見を得ることができるが、特に次の2点を指摘しておきたい。

1つ目は、前節における知見を踏まえたものである。

日本における「1人あたり国民所得」と、ほぼ同レベルになるフランスの【表6-4】における総合順位に注目すると、日本が13位であるのに対して、フランスは24位となっている。つまり、客観的な指標だけに依拠した「国の競争力」という観点から見た場合、前出の唐鎌が主張した「日本はフランス並みの社会支出を目指しても、理論上は矛盾しない」という指摘には、相応の理論的整合性が見出せるのである。

また、こうした分析結果を前にすると、前掲した【表6-1】の「国民1人あたり社会支出」を国際比較した際の日本の立ち位置や、【表6-2】の「貧困関連社会支出」の国際比較から顕著となる（いわゆる）「社会的弱者」への限定的支援が、どれ程異常な状態なのか、改めて確認されよう。国内的には自己責任論で一蹴されても、国際比較の観点を用いれば、多くの日本国民の置かれた窮状は、限定的過ぎる公的支出の反映だ

【表6-4】改訂版「世界競争力年鑑2020」統計項目順位

順位	国名・地域	順位	国名・地域
1	アメリカ	16	オーストラリア
2	中国	17	韓国
3	香港	18	キプロス
4	シンガポール	19	イギリス
5	スイス	20	アイスランド
6	ルクセンブルク	21	ニュージーランド
7	オランダ	22	フィンランド
8	アイルランド	23	オーストリア
9	スウェーデン	24	フランス
10	ドイツ	25	イスラエル
11	デンマーク	26	エストニア
12	ノルウェー	27	ベルギー
13	日本	28	UAE
14	台湾	29	スロベニア
15	カナダ	30	スペイン

出典　酒井博司（2020c）
（国際経営開発研究所「世界競争力年鑑2020」をベースに推計・作成されている）

と理解できる。それ故、貧困問題で著名な活動家である稲葉剛が「現場で公助が見えない。自助も共助も限界だ」、「寝ている『公助』を叩き起こす」などと発した言葉の重みは、実感を以て認識されるのである（稲葉2021a、2021b）。

　2つ目は、「福祉の観点」からみた場合の「国力」に関することである。

　前掲した【表6-4】にある日本より上位の競争力を有する国や地域に注目した場合、いわゆる福祉重視の国にカテゴライズされるスウェーデン、デンマーク、ノルウェーなどの社会民主主義的な国々が、新自由主義的価値観が強いアメリカとともに、日本よりも上位に位置している点が注目される。すなわち、同表からは、「公的福祉を重視しながら、国としての競争力を強化する」こともできれば、「公的福祉を軽視しながら、国としての競争力を高めることも可能である」という現実を認めることができる。もっとも、前者と後者との間には、相対的貧困率という意味

では、大きな違いを見出すことになる。

　こうした現実を鑑みたとき、次の結論を導かざるを得なくなる。それ
は、北欧諸国のように「公的福祉を重視しながら、国としての競争力を
強化する」こともできれば、アメリカのように「公的福祉を削減しなが
ら、国としての競争力を高めることも可能である」という現実があるな
かで、大企業などの一部を除けば、わが国は「公的福祉を相当軽視しな
がらも、国としての競争力は福祉国家水準だ」ということである。そう
であるならば、国民は社会保障の充実を、従来よりも遥かに声高に要求
して、何ら批判されるべきではないだろう。

　なお、補足になるが、前掲の【表6-4】には組み込まれていない主観
的な回答について触れておきたい。

　実は、前出の国際経営開発研究所による「世界競争力年鑑2020」に
おける「アンケート調査の回答者」というのは、企業等の経営者層を対
象にしたものであり、彼ら彼女らが自国の現状について6段階で評価
した回答がその中身となっている。すなわち、市井の人が主たる回答者
となって行われたものとは全く異なるアンケート調査結果（≒主観的評
価）となっている。

　そうした特徴を踏まえた上で、個人的に注目せざるを得なかったのは、
日本は163の客観的指標のみに依拠した統計順位と、経営者層による
（92の主観的見解にのみ依拠した）アンケート評価との乖離が、今回の
調査対象となった全63の国や地域の中で、「最も大きい国」となって
いた事実である。要するに、わが国の経営者らの現状認識は、他の調査
対象国、地域の経営者らと比較した際、最も「実態から乖離した評価」
になっていた、ということである。

　それでは、わが国の経営者層は、統計的に客観的な指標のどの部分に
おいて、特に「そうとは認識していない」と考えていたのであろうか。
この場合、「そうとは認識していない」には、客観的な指標よりも私的
な認識の方が高評価となる「過大評価」と、その逆の「過小評価」とい
う2つのパターンが想定される。紙幅の関係上、詳細は控えるが、過
大評価は6分野、過小評価は11分野となっており、過小評価が多くを

占めていた。

　そして、経営者らによって実際よりも過小評価されている項目の内訳をみると、それは、「生産性・効率性」、「労働市場」、「制度的枠組み」、「金融」、「ビジネス法制」などとなっている。その中でも「生産性・効率性」の部分に関しては、三菱総合研究所の酒井博司による次の分析結果を紹介したい。なお、下線部分は、筆者によるものである。

> 「生産性・効率性」の統計項目では、1人あたり付加価値、時間あたり付加価値、産業セクター別に見た1人あたり付加価値などの生産性指標はいずれも30位前後と中位にある。それに対し、「国際的基準から見た（自国の）労働生産性の評価」、「大企業の効率性」、「中小企業の効率性」、「デジタル技術の活用による業績向上」などに関する経営者の意識はいずれも60位前後と最下位グループにある。<u>経営層はより高い生産性や効率性を達成できる実力があると想定しており、それを基準として判断した結果、関連アンケート項目が低評価になっていると解釈することができる。</u>（酒井博司 2020c）

　現実の客観的指標を大きく過小評価した経営者らの認識は、実は、対労働者に関することが多くを占めている。これは当然ながら、労働者に対する更なる労働と成果を期待する意識の表れである。また、より自由な経済活動に向けた法整備なども求めている。これは、わが国の経営者層は、新自由主義的な価値の継続を期待していると解釈できる結果である。

　このような、わが国の経営者らが抱く現状認識を鑑みたとき、左派やリベラル派が強く主張するところの法人税増税や、富裕層への累進課税の強化という政策への強い反発は、容易に想定されよう。なぜなら、経営者に代表される富裕層にしてみれば、労働者こそが、さらに努力すべき対象となっているからである。

小括

　前章では、様々な論者が提唱するわが国の社会保障をとりまく現状認識および現状改善策を叙述した。しかし、各識者の立ち位置の如何にかかわらず、本章における各種のデータに依拠したならば、筆者としての見解は、次の4点に集約することができる。それらは順に、①日本の「1人あたり国民所得」と同程度の国を対象にした「1人あたり社会支出」の国際比較においても、わが国の社会保障の限定性は明らかである、②ただし、国際比較分析の結果、幸いにしてわが国には、社会保障領域における公的政策の再構築を目指すだけの余力はあると評することは妥当である、③貧困層拡大社会というわが国において社会保障制度の再構築を目指す際、「応能負担の原則」、「必要即応、必要充足の原則」をベースにした施策を目指すべきであり、それは理論上、可能である、④以上の事実を包括的に捉えた場合、「所得再分配機能の大幅な是正」と「総私的社会支出の削減に寄与する税制改革」について、公的責任による施策の早急な実施が必須になる。その上で、最終的には「課税対象および課税率の拡大」について、広く国民的議論が行われることが重要になる、である。

[注]
（1）　社会保障の支出に注目した場合、医療、年金、介護など社会保障制度からの（1年間の）支出をまとめた統計が公表されている。そうした統計の1つがOECD（経済協力開発機構）による「社会支出」である。これは、国の社会保障制度から対象者に直接給付される費用に、施設設備費を併せた支出になる。次を参照。一般社団法人　日本ソーシャルワーク教育学校連盟編（2021）『最新　社会福祉士養成講座　精神保健福祉士養成講座7 社会保障』中央法規出版、70頁。

結　論

　本書の前半部分（第 1 章〜第 4 章）では、わが国の介護福祉領域に
おける諸課題に注目し、後半部分（第 5 章〜第 6 章）では、マクロ的
観点から見た社会保障政策の実態把握に注目した。そして全体を通じて
重要になる見解や知見は、次の 9 点に集約される。それらは順に、①
介護福祉士を目指す（少なくない）日本人学生に関しては、経済的苦境
を背景とする学習能力や生活力に関する課題が看過できない水準になっ
ている可能性がある、②介護福祉士養成施設経由で介護福祉士を目指す
外国人留学生に関しては、およそその 3 割程度は、相応の語学力を備
えた介護福祉従事者になる可能性がある、③しかし、必要とされる介護
福祉従事者数総数からみれば、外国人留学生や EPA 介護福祉士候補者
に過度に期待する人材確保策には限界があるため、当然ながら、日本人
が人材確保策の基軸に据えられるべきことが確認される、④介護福祉士
の「倫理綱領」と「倫理基準（行動規範）」は、ソーシャルワーカーと
して評価する場合はもちろんのこと、仮にそうした評価を支持しない場
合でも、措置制度から契約制度への大転換に象徴されるような就労環境
等の変化に伴い、時代に即したバージョンアップが必要である、⑤わが
国の社会保障の現状を「純合計社会支出（もしくは、純社会支出合計）」
の観点から捉えた場合、全体としてのコストパフォーマンスの悪さは明
白である、⑥日本の「1 人あたり国民所得」と同程度の国を対象にした「1
人あたり社会支出」の国際比較においても、わが国の社会保障の限定性
は明らかである、⑦国際比較分析の結果、幸いにしてわが国には、社会
保障領域における公的政策の再構築を目指すだけの余力はあると評する
ことができる、⑧貧困層拡大社会である日本では、社会保障制度の再構
築を目指す際、「応能負担の原則」、「必要即応、必要充足の原則」をベー
スにした施策を目指すべきであり、それは理論上、可能である、⑨以上
の事実を包括的に捉えた場合、「所得再分配機能の大幅な是正」と「総

私的社会支出の削減に寄与する税制改革」について、公的責任による施策の早急な実施が必須となる。その上で、最終的には「課税対象および課税率の拡大」について、広く国民的議論が行われることが重要になる、である。

　このように、筆者としての見解は一通り表明したつもりである。その上で、本書を閉じるにあたり付記すべきことがあるとすれば、それはわが国の社会保障政策が「経済・財政政策従属型社会保障政策」であるという現実と、現状改善に向けて国民が意識すべきこと、の２点になる。

1. 「経済・財政政策従属型」社会保障抑制政策

　これまでの検証から明らかなように、わが国の社会保障政策は、その国力からして過剰なまでの抑制政策下にある。しかも、単に抑制下にあるだけでなく、経済面では「社会保障の市場化・営利化」政策が進む一方で、財政面からは「財政悪化の主因」と目され、「社会保障→抑制の対象→公的責任の削減→市場化促進」という文脈で捉えることができる状況にある（横山 2003、2009、2018、2020、2021）。すなわち、わが国の社会保障政策は、それ自体が独立した政策として制度設計されているというよりは、経済・財政政策の枠組みの中で、その方向性が従属的に規定されている、と評することができよう。実際、「骨太方針」として知られる「経済財政運営と改革の基本方針」において、社会保障政策の方向性が規定されている現実は、そうした解釈の妥当性の証左である。

　換言すれば、わが国の社会保障は、「権利としての社会保障」ではなく、事前にいくら拠出し、また、どの程度の利用料を負担すれば、どのようなサービスが、どの程度、得られることになるのかを強調した「対価的な権利領域」へと矮小化されつつある、ということである。それは、社

会保障が「損得勘定領域」へと変質すると同時に、「買う領域（→市場化・営利化領域）」としての色合いを従来以上に強めつつあることを意味する。当然ながら、そのような状況は、福祉や医療ニーズがあっても経済的な理由からクライエントになれない人たちが、数多く生み出されることを意味する。

　もっとも、世界はコロナ禍という未曽有のパンデミックを経験した。わが国においても、貧困に喘ぐ人々は、従来以上に増加した。そして、医療、看護、介護領域の脆弱性が、誰の目にも分かるほど可視化されることとなった。それでは、こうした社会的激変を直視し、わが国の政府は、「権利としての社会保障」政策に向けて、舵を切るのであろうか。

　この点、コロナ禍にあった「骨太方針2021」の37頁には、「2022年度から2024年度までの3年間について、これまでと同様の歳出改革努力を継続することとし、以下の目安に沿った予算編成を行う」として、「社会保障関係費については、基盤強化期間においてその実質的な増加を高齢化による増加分に相当する伸びにおさめること」との記載がある。これは自然増加分のなかでも、高齢化による増加分だけに留めるという意味合いが込められており、事実上の抑制政策の継続を意味する（松山2021：9）。実際、コロナ禍においても、公立病院の統廃合や病床の大幅な削減を伴う「地域医療構想」を否定しない国の姿勢は、そうした抑制政策の反映である。このように、政府が提示するこれからの社会保障政策は、従来同様これからも「対価的な権利領域」「損得勘定領域」「買う領域」への再編強化が既定路線となっている。

　こうした国の社会保障政策の動向を確認したならば、コロナ禍における困難を、長年にわたる医療供給体制の抑制政策が招いた惨事だという認識ではなく、デジタル化に遅れたことが主因だと捉える政府の姿勢は、強く批判せざるを得ない。この点に関して、横山は、次のように評している。

　　　『骨太の方針』を貫くのは、一貫してコロナ禍をいかにして新たな
　　成長につなげられるか、どうすれば企業の活動基盤を広げビジネ

ス・チャンスを広げることができるかという視点である。コロナ禍の最大の教訓をデジタル化の遅れとみなし、デジタル化を加速化させる千載一遇のチャンスとして政策の中心に位置づけ、あげくはポストコロナがめざす社会経済の第一の原動力にまで祭り上げる姿は、まさしくそのものであり、これこそ『惨事便乗型資本主義』の最たるものという外ない。……中略……あげくの果てには、歳出拡大の責任を社会保障に負わせて削減を迫る。これを国民軽視と言わずして何というべきか。（横山 2021：7-8）

　それでは、こうした状況下において、わが国の社会保障の最前線に立つソーシャルワーカーたちは、どのような対応が重要になると考えているのであろうか。ソーシャルワーク専門職のグローバル定義（2014）には、「ソーシャルワーク専門職の中核となる任務には、社会変革・社会開発・社会的結束の促進、および人々のエンパワメントと解放がある」との記載がある。しかし、現実レベルでは、日々の職責を果たすことが最優先事項である。また、社会保障政策は、国民の誰もが強い影響を受ける政策であるが故に、政策の現状が劣悪だと考えられるのであれば、ソーシャルワークの専門職を含む市井の人たちの意識と行動が重要になる。

　しかし、現状改善に資する社会変革やソーシャルアクションは、ソーシャルワーカーの養成教育においてすら、必ずしも必要ではないとする厚生省（当時）の通知がある（第4章第5節）。社会保障の最前線に立つ専門職の養成現場ですら、そのような扱いがなされているのであれば、当然ながら、圧倒的多数の国民にとって「社会変革」や「ソーシャルアクション」などという言葉は、現状改善が強く求められる状況下であっても、およそ選択肢にすら入らない縁遠い言葉でしかないであろう。

2. 「思考的」現実と「実態」現実との乖離

　もっとも、養成教育内容の如何にかかわらず、少なくない識者や市井の人々から、現状改善に向けた提言が提起されている現実は幸いである。その事実は強調しておきたい。とはいえ、現状改善に向けた提言にも、議論の余地はある。

　たとえば、井手英策が提唱するベーシックサービス論は、各種ベーシックサービスの無償化政策という美名の下、都市部と地方との利用格差を拡大させることで、結果として、格差の拡大につながるのではないか、との批判を受けている（第5章第8節）。同様に、福祉国家構想研究会や不公正な税制をただす会の提言、そしてMMT論者の提言（第5章第2、3、5節）にも、思想信条的な観点から、批判的な見解は幅広く見受けられる。

　ただし、政策的・思想的な立ち位置の如何にかかわらず、既存のデータを直視したならば、「所得再分配機能の大幅な是正」と「総私的社会支出の削減に寄与する税制改革」に資する政策を国に迅速に実施させることが重要になるのではないか、とする見解には相応の妥当性が見出せる。換言すれば、これらの政策は、多くの人々に受け入れられやすい共通項的な改善策になり得る、ということである。

　とはいえ、そうした共通項的な改善策においてすら、実現に向けては大きな障害が想定される。その主因となるものは、国民に広く浸透している「経済と社会保障の両立は不可能である」という認識と、「日本債務大国論」の影響力である（阿部2018a：64-98）。とりわけ、わが国では各種メディアを通じて日本債務大国論が大量に流布されていることもあり、社会保障への予算拡充は否定的に捉えられることが多い。それ故、「日本＝債務大国」という認識が、全体像ではなく、（既述のとおり）特定部分に注目した偏った現状認識であったとしても、「日本は債務大国だ。故に社会保障の充実は、それが望ましくても実施できない」とする解釈を受け入れさえすれば、それが多くの国民にとって動かし難い「思

考的」現実になる。もちろん、そうした状況は、前述した各種の提案の否定につながりやすい素地を醸成することになる。

　しかし、いかに強固な思考的現実が流布しているとしても、実態現実は文字通り眼下にある。そして、眼下にある実態現実はといえば、前掲の【表5-3】と【表5-4】との対比からも明らかなように、わが国の国民の多くは、追加の私的負担が非常に困難になっているのが実情である。それは、貧困の拡大とその常態化を示唆するものである。また、今1つの実態現実は、わが国の社会保障に対する公的対応は、【表6-1】と【表6-2】から明白なように、過剰なまでに抑制的である、という現状である。これらは思考的現実ではなく、客観的な現実である。その意味で、我々は思考的現実に対する“無自覚的な当然視”を止めるべきなのである。当然視されている現状解釈や現状評価に対しても、疑問を呈するべきなのである。その意味で、変わるべきは国の社会保障政策に対する姿勢だけではないといえよう。

結語

　本書を閉じるにあたり、次の点を強調しておきたい。それは、我々は幸いにして「異なる国家像を選ぶ」ことができるだけのポテンシャルを備えた国に住んでいる、という事実である。この点は、決定的に重要であり、幸いな現実である。

　ただし、そうした評価に甘んじ続けることはできなくなりつつある、という事実にも目を向けるべきである。その象徴の1つとなるのは、「1人当たり名目GDP」で捉えた場合の国民の現状である。

　2000年のわが国の1人あたり名目GDPは世界2位と非常に高水準であった。しかし、それから18年後の2018年度には、26位にまで低下している。他国の急激な経済成長という側面もあるわけだが、それにしても短期間のうちに、ここまでの下落（2位→26位）が生じたからには、個人単位で見た場合、貧困化が進んでいることは否定し難い事

実である。その意味でも、これ以上の自己責任論には限界がある。また、インバウンド的な経済活性化論が注目されるということは、とりもなおさず、少なくない外国人にとってみれば「日本への旅行は、以前よりも遥かに安上がりだ」ということを意味するものであり、その背後にあるのは、日本国民の貧困化に外ならない。

　換言すれば、わが国の現状は、改善へのポテンシャルはあるものの、適切な政策を早急に導入しなければ、自己責任論の押し付け合いの末に社会の分断が深刻化し、結果として、政策の合意形成という重要な機会を逸する可能性を否定できない、ということである。実際、日本人は相対的貧困層が増大するのと並行して、他者に対する非寛容的な価値観を支持する割合が高まっている（田中世紀 2021）。

　いつの時代にも分岐点はあるが、おそらくポストコロナ禍における数年間の社会保障政策のありようが、その後の日本社会に、延いては日本人の価値観そのものに、良くも悪くも、大きな影響を及ぼすことになるだろう。だからこそ、敢えて繰り返すが、国に対しては「所得再分配機能の大幅な是正」と「総私的社会支出の削減に寄与する税制改革」を重視した、公的施策の早急な実施を要求するべきなのである。そして我々国民の側には、これまでに流布された、ある種、歪んだ現状認識がもたらす強固な思考的現実という「経済・財政政策従属型」社会保障抑制政策への消極的賛同や是認的態度からの脱却が求められるのである。

　そのような段階に至れば、すなわち、「思考的に解放された国民」が増えてゆけば、この国の社会保障領域の諸課題を凝縮したような介護福祉領域における諸問題の克服も、決して実現不可能なものではなくなるであろう。多くの国民の思考的現実が、人権保障領域の「対価的な権利領域」「損得勘定領域」「買う領域」への再編強化を加速化させている今、それによって、誰が利を得て、誰が実害を被っているのか――この点が、今、改めて問われるべきであり、我々もそれを問う姿勢を堅持すべきなのである。

引用・参考文献等一覧

赤羽卓朗・吉田守実・小川あゆみ・高橋英成・三岳貴彦（2020）「青森県東部及び岩手県北部地域の介護保険施設を対象とした介護人材の不足に関する調査研究——地域における介護人材の確保と介護福祉士養成校の役割」『八戸学院大学短期大学部研究紀要』51、11-38頁。（http://id.nii.ac.jp/1110/00001220/,2021.9.13）

赤堀将孝・亀山一義・宍戸聖弥・松本圭太・谷川和昭（2020）「地域包括支援センター職員が抱く作業療法士の認識——計量テキスト分析による構造の把握」『作業療法』39（2）、170-178頁。（https://www.jstage.jst.go.jp/article/jotr/39/2/39_170/_pdf/-char/ja,2021.9.13）

浅原千里（2017）「ソーシャルワークとケアワークの分離に至る過程——『社会福祉士法試案』から『社会福祉士及び介護福祉士法』成立までの議論分析」『日本福祉大学社会福祉論集』136、39-64頁。（http://id.nii.ac.jp/1274/00002761/,2021.9.13）

朝日新聞（2022a）「乱立する税優遇、国減収8兆円超　租特『隠れ補助金』、税収の13%」（2022.9.6）

朝日新聞（2022b）「居座る税優遇　研究開発費・金融所得・住宅ローン　大企業や富裕層に偏る恩恵」（2022.9.6）

阿部敦（2003）『社会保障政策従属型ボランティア政策』大阪公立大学共同出版会。

阿部敦（2018a）『増補版　社会保障抑制下の国家・市民社会形成——社会保障・社会福祉教育の展開と市民社会の弱体化』金沢電子出版株式会社。

阿部敦（2018b）『新しい社会保障教育政策と地域共生社会』関西学院大学出版会。

阿部敦（2019）『日本の若者たちは社会保障をどう見ているのか』関西学院大学出版会。

阿部敦（2021a）「わが国の介護福祉士養成教員が抱く養成教育の現状認識——KWICからみた頻出語の用いられ方」『福祉と看護の研究誌』8、19-26頁。（阿部敦 2021d 所収）

阿部敦（2021b）「介護福祉士養成教育の現状と課題——川口啓子教授および小田史教授との対談記録」『九州ジャーナル オブ ソーシャルワーク』4、21-30頁。（阿部敦 2021d 所収）

阿部敦（2021c）「介護福祉士養成教育の現状と課題——横山壽一教授との

　　対談記録」『九州ジャーナル オブ ソーシャルワーク』4、13-19 頁。（阿
　　部敦 2021d 所収）

阿部敦（2021d）『変革期における介護福祉士養成教育の現状——コロナ禍と
　　留学生の存在を視野に入れて』東京学芸大学出版会。

阿部敦（2022a）「わが国の介護福祉士養成教員が抱く『日本人学生』に対す
　　る現状認識」『人間福祉学会誌』21（2）、15-22 頁。

阿部敦（2022b）「介護福祉士を目指す外国人留学生の現状と外国人介護福
　　祉従事者への評価——労働環境の変容を視野に入れて」『日本社会
　　福祉マネジメント学会誌』2、39-50 頁。

阿部敦（2022c）「介護福祉士の倫理綱領・倫理基準（行動規範）改定の必
　　要性——ソーシャルワーカーの倫理綱領・行動規範との比較検証」『九
　　州社会福祉学』18、115-128 頁。

阿部敦（2022d）「介護福祉士養成教員が認識する日本人学生の『学習上の困
　　難』（上）」『国民医療』354、49-59 頁。

阿部敦（2022e）「介護福祉士養成教員が認識する日本人学生の『学習上の困
　　難』（下）」『国民医療』355、60-72 頁。

阿部敦（2022f）「介護福祉系資格の多様化に関する一考察——国の介護人
　　材政策との連動性が生み出すアウトプット」『国民医療』356、公益
　　財団法人　日本医療総合研究所、51-65 頁。

阿部敦（2022g）「第 5 章　介護福祉士養成の現状と将来展望——教育現
　　場からの提言」『国民の介護白書 2022 年度版——日本の介護力を
　　徹底検証　人生 100 年時代を生き抜く 10 の提言』日本医療企画、
　　64-71 頁。

阿部敦・馬場敏彰（2021a）「介護福祉士養成政策の変容に関する一考察——
　　介護福祉士養成テキスト 2018 年版と同 2019 年版の比較より」『国
　　民医療』349、60-73 頁。（阿部敦 2021d 所収）

阿部敦・馬場敏彰（2021b）「介護福祉士養成教員が抱く養成教育の現状認
　　識——外国人学生の増加とコロナ禍における教育環境の激変期にお
　　いて」『国民医療』351、45-56 頁。（阿部敦 2021d 所収）

阿部敦・馬場敏彰（2021c）「わが国の介護福祉士養成教員が抱く『介護福祉』
　　をとりまく課題認識——階層的クラスター分析による『現状の課題』
　　と『将来像』に関する一考察」『国民医療』352、80-92 頁。（阿部
　　敦 2021d 所収）

阿部敦・渡邊かおり（2011）「戦後日本における社会福祉従事者の養成政策
　　について——1940 年代及び 1980 年代に焦点をあてて」『奈良女子
　　大学人間文化研究科紀要』26、109-122 頁。

阿部彩・東悠介・梶原豪人・石井東太・谷川文菜・松村智史（2019）「生活保護の厳格化を支持するのは誰か――一般市民の意識調査を用いた実証分析」『社会政策』11（2）、145-158頁。

荒木千秋（2020）「介護保険の改正ポイントとは？　高所得者は3割負担へ」（https://fp-moneydoctor.com/news/knowledge/longterm_care_insurance_amendment/,2022.3.1）

安發明子（2022）「ミリタンが実現するフランスの福祉――社会的な信念を貫くソーシャルワーカーたち」『福祉のひろば』634（2022年8月号）総合社会福祉研究所、46-47頁。

石川友恵（2021）「介護保険料払えず差し押さえの高齢者、初の2万人超　負担増も背景か」『朝日新聞』（2021.11.9）（https://www.asahi.com/articles/ASPC87KGYPC8UTFL004.html,2022.3.1）

一般財団法人　日本語教育振興協会（2021）「日本語教育機関の概況」（https://www.nisshinkyo.org/article/pdf/20210216s.gaikyo.pdf,2021.7.28）

一般社団法人　日本ソーシャルワーク教育学校連盟編（2021）『最新　社会福祉士養成講座　精神保健福祉士養成講座7 社会保障』中央法規出版。

井手英策（2018）『幸福の増税論――財政はだれのために』岩波書店。

井手英策（2019）『いまこそ税と社会保障の話をしよう』東洋経済新報社。

井手英策（2021）『どうせ社会は変えられないなんてだれが言った？――ベーシックサービスという革命』小学館。

井手英策編（2019）『リベラルは死なない――将来不安を解決する設計図』朝日新書。

井手英策・古市将人・宮崎雅人（2016）『分断社会を終わらせる――「だれもが受益者」という財政戦略』筑摩書房。

井手英策・柏木一惠・加藤忠相・中島康晴（2019）『ソーシャルワーカー――「身近」を革命する人たち』ちくま新書。

伊藤鏡（2014）「介護現場における外国人介護労働者の評価と意欲――インドネシア第一陣介護福祉士候補者受け入れ施設のアンケート調査をもとに」『厚生の指標』61（11）、27-35頁。（https://www.hws-kyokai.or.jp/images/ronbun/all/201409-05.pdf,2021.11.27）

伊藤周平（2021）「介護保険の総括と介護保障の課題」『福祉のひろば』621（2021年7月号）、48-53頁。

稲葉剛（2021a）「（フロントランナー）現場で公助が見えない。自助も共助も限界だ」『朝日新聞』（2021.7.24）（https://www.asahi.com/articles/DA3S14984218.html,2021.10.1)

稲葉剛（2021b）『貧困パンデミック──寝ている「公助」を叩き起こす』明石書店。

井上誠一郎（2020）「日本の所得格差の動向と政策対応のあり方について 」（https://www.rieti.go.jp/jp/special/af/data/060_inoue.pdf,2021.8.19）

井上智洋（2014）「国の借金は減っている──アベノミクスに増税は必要ない」（https://yab.yomiuri.co.jp/adv/wol/opinion/gover-eco_141222.html,2021.8.11）

いのちのとりで裁判全国アクション（2021）（http://665257b062be733.loli-pop.jp/R3_2_22osakachisaihanketsu.pdf,2021.12.10）〔2021 年 2 月 22 日、大阪地裁において、保護費の減額処分の取消しを命じた判決文のコピー〕

医療法人西江こころのクリニック（2020）「福岡県発達障がい者修学支援モデル事業　平成 29 年度事業報告」（http://www.rehab.go.jp/applica-tion/files/4815/8443/7537/H30-03_.pdf,2022.2.1）

植木是（2015）「軽度の知的発達障害がある職業訓練生への支援のあり方についての一考察──介護の現場を目指す当事者支援の現場から」『高田短期大学介護・福祉研究』（1）42-58 頁。

占部絵美（2021）「国の 20 年度税収 60.8 兆円と過去最高、消費税は初の 20 兆円超え」（https://www.bloomberg.co.jp/news/arti-cles/2021-07-05/QVQXK1DWX2PU01,2021.8.11）

岡崎祐司・福祉国家構想研究会編（2017）『老後不安社会からの転換：介護保険から高齢者ケア保障へ』大月書店。

小川栄二（2021）「在宅介護からみる介護保険」『福祉のひろば』（2021 年 2 月号）616、54-57 頁。

織田なおみ（2021）「特別養護老人ホームにおける新人介護福祉士の実践と養成教育の課題 ── 倫理綱領遵守の観点から」『北海道医療大学看護福祉学部学会誌』17（1）、23-33 頁。（http://id.nii.ac.jp/1145/00064928/,2021.12.10）

介護労働安定センター→公益財団法人　介護労働安定センター

閣議決定・経済財政諮問会議（2021）「経済財政運営と改革の基本方針 2021　日本の未来を拓く 4 つの原動力──グリーン、デジタル、活力ある地方創り、少子化対策」（骨太方針 2021）（2021.6.18）（https://www5.cao.go.jp/keizai-shimon/kaigi/cabinet/2021/2021_basicpolicies_ja.pdf,2021.12.04）

閣議決定・成長戦略会議（2021）「成長戦略実行計画」（2021.6.18）（https://www.cas.go.jp/jp/seisaku/seicho/pdf/ap2021.pdf,2021.12.04）

閣議決定・成長戦略会議（2021）「成長戦略フォローアップ」（2021.6.18）（https://www.cas.go.jp/jp/seisaku/seicho/pdf/fu2021.pdf,2021.12.04）

閣議決定・規制改革推進会議（2021）「規制改革実施計画」（2021.6.18）（https://www8.cao.go.jp/kisei-kaikaku/kisei/publication/keikaku/210618/keikaku.pdf,2021.12.04）

片岡えみ（2015）「信頼社会とは何か──グローバル化と社会的公正からみたEU諸国の一般的信頼」『駒澤社会学研究』47、29-51頁。（http://repo.komazawa-u.ac.jp/opac/repository/all/35047/rsk047-02-kataoka_j.pdf,2021.8.20）

角口勝隆（2016）「ビッグデータ分析技術を応用したソフトウェア不具合の分析実施事例」（https://www.ipa.go.jp/files/000057839.pdf,2021.6.20）

株式会社　クーリエ（2020）「介護職の8割が待遇に不満！　6割が給与UPを求めている！　現場では60万円以上もの『待遇格差』が」（https://www.minnanokaigo.com/news/kaigogaku/no797/,2021.9.6）

株式会社　日本ロングライフ（2020）「介護と介助の違いとは？　介助の主な種類を解説」（https://www.j-longlife.co.jp/column/article/long-term_care_assistance/,2021.5.30）

株式会社　ハンディネットワーク　インターナショナル（2021）「外国人介護士」（https://www.hni.co.jp/1244/,2022.4.3）

唐鎌直義（2021）「フランスより年間75兆円少ない日本の社会保障費」『福祉のひろば』618（2021年4月号）、23-26頁。

河合克義（2020）「第1回＜総論＞介護保険制度と生活保障」『福祉のひろば』612（2020年10月号）、58-61頁。

川口啓子（2016）「介護をめぐる諸問題──介護福祉士養成校の学生にみる貧困の諸相」『いのちとくらし研究所報』54、26-30頁。

川口啓子（2020a）「介護人材の不足──根底に横たわるネガティブイメージ」『国民医療』345、4-14頁。

川口啓子（2020b）「介護職にリスペクトを」『朝日新聞』（2020.6.3）（https://www.asahi.com/articles/DA3S14499216.html,2021.10.1）

川村博子・漆澤恭子・古川繁子・根本曜子（2017）『介護現場のリーダーお助けブック──コミュニケーションが苦手な人の支援のために』ジアース教育新社。

北中彰（2022）「【介護】技能実習と特定技能1号の違い──メリット・デメリッ

ト」(https://www.myanmarunity.jp/kaigo/1137/,2022.9.3)

日下部雅喜 (2021)「2021 年度介護報酬改定の特徴と問題点——介護現場 の変質を迫る『科学的介護』と『生産性向上』」『国民医療』350、 38-50 頁。

ケアマネジメントオンライン (2014)「＜日本介護福祉士会＞介護職の外国人 の受け入れに反対の声明」(2014.4.30)(https://www.caremanage-ment.jp/news/detail/11975,2021.10.13)

経済産業省 (2018) 経済産業政策局　産業人材政策室「『人生 100 年時代の 社会人基礎力』と『リカレント教育』について」(https://www.meti. go.jp/report/whitepaper/data/pdf/20180319001_3.pdf,2022.2.6)

経済産業省 (2022)「社会人基礎力」(https://www.meti.go.jp/policy/kiso-ryoku/index.html,2022.2.6)

公益財団法人　介護労働安定センター (2021)「令和 2 年度『介護労働実 態調査』結果の概要について」(http://www.kaigo-center.or.jp/ report/pdf/2021r01_chousa_kekka_gaiyou_0823.pdf,2022.2.6)

公益財団法人　社会福祉振興・試験センター (2021a)「令和 2 年度　社会 福祉士・介護福祉士・精神保健福祉士の『就労状況調査』(速報版) について」(http://www.sssc.or.jp/touroku/results/pdf/r2/results_ r2_sokuhou.pdf,2021.7.31)

公益財団法人　社会福祉振興・試験センター (2021b)「登録者の資格種類 別 —— 年度別の推移」(http://www.sssc.or.jp/touroku/pdf/pdf_ tourokusya_graph_r02.pdf,2021.9.6)

公益社団法人　国際厚生事業団 (2021a)「EPA に基づく外国人看護師・介護 福祉士候補者受入れの状況・支援等について (2022 年度来日　経 済連携協定 (EPA) に基づく受入れ説明会【第 2 部】)」(https:// jicwels.or.jp/wp-content/uploads/2021/03/2022%E5%B9%B4%E5 %BA%A6%E5%8F%97%E5%85%A5%E3%82%8C%E8%AA%AC%E6 %98%8E%E4%BC%9A%E7%AC%AC2%E9%83%A8%E3%80%80%E 8%AA%AC%E6%98%8E%E8%B3%87%E6%96%99%EF%BC%88%E5 %9B%BD%E9%9A%9B%E5%8E%9A%E7%94%9F%E4%BA%8B%E6 %A5%AD%E5%9B%A3%EF%BC%89.pdf,2022.4.1)

公益社団法人　国際厚生事業団 (2021b)「2021 年度受入れ版 EPA に基づく 外国人看護師・介護福祉士候補者受け入れパンフレット」(https:// jicwels.or.jp/files/EPA_2021_pamph.pdf,2021.7.29)

公益社団法人　日本介護福祉士養成施設協会 (2017)「外国人留学生受け 入れに関するガイドライン (留意事項)」(平成 29 年 3 月 18 日改

正　理事会決定）（http://kaiyokyo.net/member/20180117_news_no.25_documents.pdf,2021.8.1)

公益社団法人　日本介護福祉士養成施設協会（2019）「介護福祉士を目指す外国人留学生等に対する相談支援等の体制整備事業アンケート調査報告書」（http://kaiyokyo.net/news/04_report_01.pdf,2021.8.1)（http://kaiyokyo.net/news/04_report_02.pdf,2021.8.1)

公益社団法人　日本介護福祉士養成施設協会（2020a）「介護福祉士養成施設への入学者数と外国人留学生（平成28年度から令和2年度）」（http://kaiyokyo.net/news/h28-r2_nyuugakusha_ryuugakusei.pdf,2021.8.10)

公益社団法人　日本介護福祉士養成施設協会（2020b）「養成施設数（学校数）の推移表」（http://kaiyokyo.net/news/r2_teiin_juusoku.pdf,2021.6.20)

公益社団法人　日本介護福祉士養成施設協会（2020c）「令和2年3月卒業生　進路調査報告」（http://kaiyokyo.net/news/report_path_20201216.pdf,2021.7.28)

公益社団法人　日本介護福祉士養成施設協会（2021a）「外国人介護人材の質の向上等に資する学習支援等調査研究事業　報告書」（http://kaiyokyo.net/pdf/r2_gaikokujin_gakushuushien.pdf,2021.8.10)

公益社団法人　日本介護福祉士養成施設協会（2021b）「介護福祉士の統計データ（平成31年3月卒業生）」（http://kaiyokyo.net/data/index.html,2021.8.1)

公益社団法人　日本介護福祉士養成施設協会（2021c）「介護福祉士を目指す留学生のための相談支援センター　なんでもQ&A」（https://www.kaigo-ryugaku-support.net/faq/students.php?offset=10&,2021.12.20)

公益社団法人　日本介護福祉士養成施設協会（2021d）「介護福祉士養成施設への入学者数と外国人留学生（平成29年度から令和3年度）」（http://kaiyokyo.net/news/d1d0b611b159b0df7fb78aca393740f83898dee4.pdf,2022.1.27)

公益社団法人　日本介護福祉士養成施設協会（2021e）「令和3年3月卒業生　進路調査報告」（http://kaiyokyo.net/news/4466fd19d5f15a060276a6a08b2750b25f680dd3.pdf,2022.3.1)

公益社団法人　日本介護福祉士養成施設協会（2022a）「介養協について」（http://kaiyokyo.net/about/index.html,2022.8.6)

公益社団法人　日本介護福祉士養成施設協会（2022b）「施設別一

覧　高等学校専攻科」(http://kaiyokyo.net/member_data/other.
php,2022.8.6)

公益社団法人　日本社会福祉士会(2020)「『ソーシャルワーカーの倫理綱領』
の策定及び改定作業の経緯」(https://www.jacsw.or.jp/citizens/
rinrikoryo/documents/rinri_kaitei.pdf,2021.8.12)

公益社団法人　日本社会福祉士会 (2021)「社会福祉士の行動規範」(2021
年 3 月 20 日採択)(file:///C:/Users/DDR/Desktop/%E7%A4%BE%E
4%BC%9A%E7%A6%8F%E7%A5%89%E5%A3%AB%E3%81%AE%E8
%A1%8C%E5%8B%95%E8%A6%8F%E7%AF%84.pdf,2021.12.15)

厚生労働省 (2013a)　社会保障審議会介護保険部会「介護保険制度
の見直しに関する意見」(https://www.mhlw.go.jp/file/05-
Shingikai-12601000-Seisakutoukatsukan-Sanjikanshitsu_
Shakaihoshoutantou/0000033066.pdf,2021.7.30)

厚生労働省 (2013b) 社会保障審議会介護保険部会「社会保障審議会介護保
険部会意見」(https://www.mhlw.go.jp/stf/shingi/0000033012.
html,2021.7.22)

厚生労働省 (2014)　福祉人材確保対策検討会「資料 4　介護人材確
保について」(2014.6.4)(https://www.mhlw.go.jp/file/05-
Shingikai-12201000-Shakaiengokyokushougaihokenfukushibu-
Kikakuka/0000047525.pdf,2021.5.25)

厚生労働省 (2015a) 社会・援護局福祉基盤課「介護人材確保の総合的・
計画的な推進──『まんじゅう型』から『富士山型』へ」(https://
www.mhlw.go.jp/file/05-Shingikai-12201000-Shakaiengokyokush
ougaihokenfukushibu-Kikakuka/document2-1.pdf,2021.9.13)

厚生労働省 (2015b)「2025 年に向けた介護人材にかかる需給推計 (確定値)
について」(https://www.mhlw.go.jp/stf/houdou/0000088998.
html,2022.7.18)

厚生労働省 (2017)「参考 3：外国人介護人材の受入れ (EPA、技能実習、在
留資格「介護」、特定技能) 外国人介護人材受入れの仕組み」(https://
www.mhlw.go.jp/content/12000000/000656925.pdf,2022.4.3)

厚生労働省 (2019a)「2019 年度介護報酬改定に関する Q&A
(Vol.2)」(令和元年 7 月 23 日)(https://www.mhlw.go.jp/
content/12300000/000537343.pdf,2021.5.25)

厚生労働省 (2019b) 社会保障審議会福祉部会「介護福祉士養成施設卒業生
に対する国家試験の義務付けについて」(http://kaiyokyo.net/mem-
ber/03_kr_fu_ko_gi.pdf,2021.11.25)

厚生労働省（2020a）社会保障審議会　介護給付費分科会「令和 3 年度介護報酬改定に向けて（介護人材の確保・介護現場の革新）」(https://www.mhlw.go.jp/content/12300000/000677433.pdf,2021.9.6)

厚生労働省（2020b）政策統括官付参事官付世帯統計室「2019 年　国民生活基礎調査の概況」(https://www.mhlw.go.jp/toukei/saikin/hw/k-tyosa/k-tyosa19/dl/14.pdf,2021.8.18)

厚生労働省（2020c）「政策分野別社会支出の国際比較（図表 1-9-9)」『令和 2 年版　厚生労働白書——令和時代の社会保障と働き方を考える』124 頁、日経印刷 / 全国官報販売協同組合（発売)。(https://www.mhlw.go.jp/stf/wp/hakusyo/kousei/19/backdata/01-01-09-09.html,2021.11.25)

厚生労働省（2020d）「2　外国人介護人材の受入れについて」(https://www.mhlw.go.jp/topics/2020/01/dl/9_shakaiengo-04.pdf,2022.4.3)

厚生労働省（2020e）社会保障審議会福祉部会「介護福祉士養成施設卒業者に対する国家試験義務付けの経過措置の延長」(https://www.mhlw.go.jp/content/12201000/000648682.pdf,2021.12.19)

厚生労働省（2021a）社会・援護局福祉基盤課「第 8 期介護保険事業計画に基づく介護職員の必要数について」(https://www.mhlw.go.jp/stf/houdou/0000207323_00005.html,2021.7.26)

厚生労働省（2021b）「第 33 回介護福祉士国家試験の受験者・合格者の推移　」(https://www.mhlw.go.jp/content/12004000/000757036.pdf,2021.7.28)

厚生労働省（2021c）社会・援護局福祉基盤課「第 33 回介護福祉士国家試験における EPA 介護福祉士候補者の試験結果（別添 1)」(https://www.mhlw.go.jp/content/12004000/000759472.pdf,2021.9.5)

厚生労働省（2021d）「第 33 回介護福祉士国家試験結果の内訳」(https://www.mhlw.go.jp/content/12004000/000759777.pdf,2021.9.13)

厚生労働省（2021e）「『厚生労働大臣が定める夜勤を行う職員の勤務条件に関する基準』のテクノロジーを導入する場合の夜間の人員配置基準における留意点について」(2021.3.16)(https://www.mhlw.go.jp/content/12404000/000755028.pdf,2021.9.13)

厚生労働省（2021f）「令和 4 年度概算要求の概要」(https://www.mhlw.go.jp/wp/yosan/yosan/22syokan/dl/gaiyo-10.pdf,2021.11.24)

厚生労働省（2022a）「第 34 回介護福祉士国家試験合格発表」(https://www.mhlw.go.jp/stf/newpage_24090.html,2022.3.25)

厚生労働省（2022b）「第 34 回介護福祉士国家試験における EPA 介護福祉

士候補者の試験結果（令和 4 年 3 月 25 日）（https://www.mhlw.
go.jp/stf/newpage_24688.html,2022.3.37）

厚生労働省(2022c)「第 34 回介護福祉士国家試験結果の内訳 別添 2」(https://
www.mhlw.go.jp/content/12004000/000916772.pdf,2022.3.25)

高等学校福祉教育方法・教材開発研究会（2020）「新学習指導要領に
基づく福祉系高等学校の教育実態に関する調査研究」（http://
fukushikyoin.sakura.ne.jp/top/wp-content/uploads/2020/04/%
E5%AD%A6%E7%BF%92%E6%8C%87%E5%B0%8E%E8%A6%81%
E9%A0%98%E3%81%AB%E5%9F%BA%E3%81%A5%E3%81%8F%
E7%A6%8F%E7%A5%89%E7%B3%BB%E9%AB%98%E7%AD%89
%E5%AD%A6%E6%A0%A1%E3%81%AE%E6%95%99%E8%82%B2
%E5%AE%9F%E6%85%8B%E3%81%AB%E9%96%A2%E3%81%99
%E3%82%8B%E8%AA%BF%E6%9F%BB%E7%A0%94%E7%A9%B6
%E3%83%80%E3%82%A4%E3%82%B8%E3%82%A7%E3%82%B9%
E3%83%88%E7%89%88.pdf,2022.2.1）

髙良麻子（2017）『日本におけるソーシャルアクションの実践モデル——制度
からの排除への対処』中央法規出版。

国際厚生事業団→公益社団法人　国際厚生事業団

国税庁（2015）「Ⅰ　租特透明化法の概要等」（https://www.nta.go.jp/
publication/pamph/hojin/tekiyougaku/renketsu_h27/04.
pdf,2022.9.22）

小久保輝司（2020）「介護保険料、なぜ値上げ？　令和 2 年から全面導入
された"総報酬割"とは」（https://financial-field.com/insurance/
entry-85063,2022.3.1）

小林庸平（2020）「子どもの貧困・シングルペアレンツをめぐる課題の整理と
解決の方向性」(https://www.gyoukaku.go.jp/review/aki/R02/img/
sa1_1.pdf,2021.9.12)

酒井博司（2020a）「IMD『世界競争力年鑑 2020』からみる日本の競争力
第 1 回：日本の総合順位は 30 位から 34 位に下落」（https://www.
mri.co.jp/knowledge/insight/20201008.html,2021.9.6）

酒井博司（2020b）「IMD『世界競争力年鑑 2020』からみる日本の競争力
第 2 回:強い『科学インフラ』と低迷する『経営プラクティス』(https://
www.mri.co.jp/knowledge/insight/20201016.html,2021.9.6)

酒井博司（2020c）「IMD『世界競争力年鑑 2020』からみる日本の競争
力　第 3 回：統計と経営層の意識の乖離から競争力改善ポイント
を探る」（https://www.mri.co.jp/knowledge/insight/20201029.

html,2021.9.6）

酒井良英・暮石重政・須藤慶己・近藤正人（2020）「経済連携協定に基づく
　　外国人介護福祉士候補者受け入れ」『日農医誌』69（1）、95-97 頁。
　　（https://www.jstage.jst.go.jp/article/jjrm/69/1/69_95/_pdf/-char/
　　ja,2021.9.13）

佐々木憲昭（2008）「【08.10.29】『3 大メガバンクは 10 年間法人税ゼロ』金
　　融庁が認める」（http://kensho.jcpweb.net/kokkai/081029-000000.
　　html,2022.1.1）

定松文（2019）「介護準市場の労働問題と移住労働者」『大原社会問題研究
　　所雑誌』729、29-44 頁。（http://doi.org/10.15002/00022346,20
　　22.7.14）

佐野由紀子（2020）「外国人介護職員の受入れをめぐる地方の課題につい
　　て──高知県における日本語学習支援を中心に」『現代日本語研
　　究　』12、1-17 頁。（https://ir.library.osaka-u.ac.jp/repo/ouka/
　　all/78783/gnk12_001.pdf,2021.9.13）

山東愛美（2019）「日本におけるソーシャルアクションの 2 類型とその背景──
　　ソーシャルワークの統合化とエンパワメントに着目して」『社会福祉
　　学　』60（3）、39–51 頁。（https://doi.org/10.24469/jssw.60.3_39,
　　2021.9.30）

篠原匡（2019）「MMT が象徴する『大きな国家』に反発、国家に挑む者た
　　ち」（https://business.nikkei.com/atcl/NBD/19/special/00234/,
　　2021.8.11）

嶋田直美（2019）「外国人留学生に対する介護福祉士養成教育の課題──授
　　業に対するアンケート調査を通して」『桃山学院大学社会学論集』53
　　（1）、53-69 頁。

志村健一（2020）「ソーシャルワークのグローバル定義を読み解く──アジア
　　太平洋地域・日本における展開」東洋大学福祉社会開発研究センター
　　（編）『社会を変えるソーシャルワーク──制度の枠組みを越え社会正
　　義を実現するために』ミネルヴァ書房、29-53 頁。

社会福祉振興・試験センター→公益財団法人　社会福祉振興・試験センター

社団法人　日本介護福祉士会（1995a）「日本介護福祉士会倫理綱領」（1995
　　年 11 月 17 日 宣 言）（https://www.jaccw.or.jp/wp-content/upload
　　s/2021/02/%E5%80%AB%E7%90%86%E7%B6%B1%E9%A0%98.
　　pdf,2021.9.6）

社団法人 日本介護福祉士会（1995b）「日本介護福祉士倫理基準（行動規範）」
　　（https://www.jaccw.or.jp/wp-content/uploads/2021/02/%E5%80

%AB%E7%90%86%E5%9F%BA%E6%BA%96%EF%BC%88%E8
%A1%8C%E5%8B%95%E8%A6%8F%E7%AF%84%EF%BC%89.
pdf,2021.9.6)

出入国在留管理庁（2021）「令和 2 年 6 月末現在における在留外国人数に
ついて——第 2 表　在留資格別在留外国人数の推移」（http://www.
moj.go.jp/isa/content/930006222.pdf,2021.7.29)

生活保護問題対策全国会議（2012）「東京生存権裁判最高裁判決について
の 声 明 」（http://seikatuhogotaisaku.blog.fc2.com/blog-entry-19.
html,2021.12.10)

政府広報オンライン（2022）「高等教育の修学支援新制度　大学・専門学
校生のかたへ」（https://www.gov-online.go.jp/tokusyu/shugaku_
shien/daigaku/index.html,2022.3.8)

全国福祉高等学校長会（2021）「福祉系高等学校一覧（令和 3 年度）」『令
和 3 年度全国福祉高等学校長会 第 1 回理事会 文部科学省情報提
供資料』4-5 頁。(https://koko-fukushi.org/wp/wp-content/uploa
ds/2021/06/%EF%BC%88%E9%85%8D%E4%BB%98%E8%B3%87
%E6%96%99%EF%BC%89%E5%85%A8%E5%9B%BD%E7%A6%8F
%E7%A5%89%E9%AB%98%E7%AD%89%E5%AD%A6%E6%A0%A1
%E9%95%B7%E4%BC%9A%E7%AC%AC1%E5%9B%9E%E7%90%86
%E4%BA%8B%E4%BC%9AR03%EF%BC%9A20210607%E7%89%88
%C3%97%EF%BC%92_Part1.pdf,2022.6.4)

全国福祉高等学校長会（2022）「加盟校一覧（令和 4 年 2 月 1 日現在）」
（https://koko-fukushi.org/about/school/,2022.2.19)

全国福祉保育労働組合（2021）「人を支える福祉労働を守るために」『福祉の
ひろば』619（2021 年 5 月号）、58-59 頁。

全日本年金者組合（2021）（http://nenkinsha-u.org/12-nenkinsaiban/nen-
kin_saiban.htm,2021.12.10)

髙橋洋一（2016）『数字・データ・統計的に正しい日本の針路』講談社。

髙橋洋一（2018）『未来年表　人口減少危機論のウソ』扶桑社。

髙橋洋一（2021）『国民のための経済と財政の基礎知識』扶桑社。

竹端寛（2013）「根源を問い直すソーシャルワークへ」（投稿日:2013 年 12 月
11 日）（http://surume.org/2013/12/post-615.html,2021.12.16)

田中京子（2014）「KH Coder と R を用いたネットワーク分析」『久留米大
学コンピュータジャーナル』28、37-52 頁。(http://hdl.handle.
net/11316/529,2021.9.13)

田中世紀（2021）『やさしくない国ニッポンの政治経済学——日本人は困って

いる人を助けないのか』講談社選書。

ダスキンヘルスレント（2017）「介護納付金『加入者割』から『総報酬割』へ」
　　（https://healthrent.duskin.jp/column/library/14/index.
　　html,2022.3.1）

茶屋道拓哉・山下利恵子・有村玲香・大山朝子・高橋信行（2020a）「COVID-19
　　流行下におけるソーシャルワーク実習の模索①——学内代替実習の
　　検討プロセスに着目して」『福祉社会学部論集』39（3）、11-20頁。
　　（http://id.nii.ac.jp/1654/00001215/,2021.9.13）

茶屋道拓哉・山下利恵子・有村玲香・大山朝子・高橋信行（2020b）「COVID-19
　　流行下におけるソーシャルワーク実習の模索②——学内代替実習に
　　対する一定の評価」『福祉社会学部論集』39（3）、21-30頁。（http://
　　id.nii.ac.jp/1654/00001214/,2021.9.13）

寺尾正之（2021）「『誰一人取り残さない』デジタル戦略のねらいと問題点」『国
　　民医療』352、18-27頁。

東京新聞（2019）「税を追う　補正9割『兵器ローン』返済　防衛費、米国
　　製の輸入急増で」（2019.12.18）（https://www.tokyo-np.co.jp/article/
　　18437,2021.9.10）

特定非営利法人　ADDS　オンライン発達相談サービス（2021）「ADHDの
　　原因は分かっているの?」（https://adds.or.jp/sodan/post-16311/,
　　2022.4.19）

独立行政法人　日本学生支援機構（2021）「令和2年度（2020年度）大
　　学、短期大学及び高等専門学校における障害のある学生の修学支援
　　に関する実態調査結果報告書」（https://www.jasso.go.jp/statistics/
　　gakusei_shogai_syugaku/__icsFiles/afieldfile/2021/10/18/
　　report2020_published.pdf,2022.2.3）

独立行政法人　労働政策研究・研修機構（2022）『データブック国際労働比較
　　2022』（https://www.jil.go.jp/kokunai/statistics/databook/2022/
　　documents/Databook2022.pdf,2022.7.25）

富岡幸雄（2014）「国を棄て税金を払わない巨大企業——法人課税の空
　　洞化で税制崩壊」『商学論纂』55（3）、1-94頁。（http://id.nii.ac.
　　jp/1648/00006106/,2022.9.23）

富岡幸雄（2019a）「消費税増税の策謀と闘う税務会計学研究——税務会計
　　学研究70年の歩み・1990年代前期・後編」『商学論纂』60（5-6）、
　　279-360頁。（http://id.nii.ac.jp/1648/00012601/,2022.9.23）

富岡幸雄（2019b）「消費税率アップなしで所得税減税は可能——税務会計学
　　研究70年闘いの歩み・1990年代前期・補充編」『商学論纂』61（1-2）、

353-437 頁。（http://id.nii.ac.jp/1648/00013066/,2022.9.23）

富岡幸雄（2019c）「これからの日本とこれからの税制のあり方——税務会計学研究 70 年の歩み・1990 年代後期・前編」『商学論纂』61（3-4）、281-376 頁。（http://id.nii.ac.jp/1648/00013003/,2022.9.23）

富岡幸雄（2019d）「日本は消費税ゼロでもやれる——企業課税の欠陥是正で財源は十分賄える」『文芸春秋』97（11）、154-161 頁。

内閣府（2011）「社会保障・税一体改革の論点に関する研究報告書」（https://www.cas.go.jp/jp/seisaku/syakaihosyou/syutyukento/dai9/siryou3-4.pdf,2021.8.20）

内閣府（2019）「日本経済 2018-2019」（https://www5.cao.go.jp/keizai3/2018/0125nk/n18_2_1.html,2021.9.15）

内閣府（2021）『令和 3 年版高齢社会白書（全体版）』（https://www8.cao.go.jp/kourei/whitepaper/w-2021/html/zenbun/s1_2_2.html,2022.3.3）

中嶌洋（2007）「わが国の介護福祉士制度の一源流——兵庫県における福祉介護士認定制度（1986 年）の歴史的意義の考察」『介護福祉学』14（2）、151-162 頁。

中嶌洋（2012a）「ホームヘルプ事業誕生における教育的地盤の基礎形成——戦前日本社会を中心として」『国際医療福祉大学学会誌』17（2）、11-19 頁。（http://id.nii.ac.jp/1065/00000227/,2021.10.1）

中嶌洋（2012b）「長野県上田市における家庭養護婦派遣事業の『運営』に関する一考察」『日本獣医生命科学大学研究報告』61、98-105 頁。（http://id.nii.ac.jp/1135/00000130/,2021.10.1）

中嶌洋（2019）「家庭養護婦派遣事業推進の背景思想へのアプローチ ——上田市社会福祉協議会事務局長時代の竹内吉正を中心に」『社会福祉学』60（3）、1-13 頁。（https://doi.org/10.24469/jssw.60.3_1,2021.10.1）

名川勝（2021）「『令和 2 年度（2020 年度）大学、短期大学及び高等専門学校における障害のある学生の修学支援に関する実態調査』結果における障害学生数の減少等について」（https://www.jasso.go.jp/statistics/gakusei_shogai_syugaku/__icsFiles/afieldfile/2021/10/18/decrease_in_2020.pdf,2022.2.1）

西尾孝司（2016）「介護福祉援助における実践価値の再検討」『淑徳大学研究紀要(総合福祉学部・コミュニティ政策学部)』50、81-98 頁。（http://id.nii.ac.jp/1544/00000269/,2021.10.1）

ニッソーネット（2021a）「特定処遇改善加算とはどんな制度?」（https://kaigobatake.jp/column/tokuteisyoguukaizenn.php,2021.5.25）

ニッソーネット（2021b）「介護職員処遇改善加算とは？　介護職の給料・年収が上がる制度を解説!」(https://kaigobatake.jp/column/shoguu-kaizen.php,2021.5.25）

日本介護福祉士会→社団法人　日本介護福祉士会

日本介護福祉士養成施設協会→公益社団法人　日本介護福祉士養成施設協会

日本学生支援機構→独立行政法人　日本学生支援機構

日本経済新聞社編（2020）『無駄だらけの社会保障』日経プレミアシリーズ。

日本経済新聞（2021a）「6月の経常収支、9051億円の黒字　84カ月連続黒字」（2021.8.10）（https://www.nikkei.com/article/DGXZASFL06HV5_W1A800C2000000/,2021.9.11）

日本経済新聞（2021b）「経常黒字10.4兆円　21年上期、外需回復で50％増」（2021.8.10）（https://www.nikkei.com/article/DGXZQOUA100U-60Q1A810C2000000/,2021.9.11）

日本経済新聞（2021c）「介護保険料　初の6000円台　65歳以上21～23年度　全国平均、20年で倍に」（2021.5.15）

日本語教育振興協会→一般財団法人　日本語教育振興協会

日本語能力試験（JLPT）「N1～N5：認定の目安」(https://www.jlpt.jp/about/levelsummary.html,2021.8.24）

日本財団（2021）「子どもの貧困対策」（https://www.nippon-foundation.or.jp/what/projects/ending_child_poverty,2021.8.19）

日本社会福祉士会→公益社団法人　日本社会福祉士会

日本ソーシャルワーカー連盟（2017）「ソーシャルワーク専門職のグローバル定義の日本における展開」(http://jfsw.org/definition/japan/,2022.1.5）

日本ソーシャルワーカー連盟（2020）「ソーシャルワーカーの倫理綱領」(http://jfsw.org/code-of-ethics/,2021.7.23）

日本ソーシャルワーク教育学校連盟→一般社団法人　日本ソーシャルワーク教育学校連盟

日本福祉教育専門学校（2021）「EPA介護福祉士候補者とは?」（https://www.nippku.ac.jp/license/cw/epa/,2021.7.28）

日本ロングライフ→株式会社　日本ロングライフ

根津敦（2014）「ソーシャルアクション」日本社会福祉学会事典編集委員会（編）『社会福祉学事典』丸善出版。

根本曜子・川村博子・古川繁子（2014）「介護分野における知的・発達障害者等への教育プログラムの開発に関する調査研究（その1）」『植

草学園短期大学紀要』15、27-32頁。(http://id.nii.ac.jp/1512/
00000199/,2022.2.7)

根本曜子・川村博子・古川繁子・漆澤恭子 (2015)「介護分野における知
　的・発達障害者等への教育プログラムの開発に関する調査研究 (そ
　の2)」『植草学園短期大学研究紀要』16、1-7頁。(http://id.nii.
　ac.jp/1512/00000209/,2022.2.7)

橋本勇人 (2000)「医療福祉施設職員のアドボカシー機能に関する研究——
　医療福祉専門職の倫理綱領の比較を通して」『川崎医療福祉学会誌』
　10 (1)、25-32頁。

ハンディネットワーク　インターナショナル→株式会社　ハンディネットワーク
　インターナショナル

樋口耕一 (2017)「言語研究の分野における KH Coder 活用の可能性」『計
　量国語学』31 (1)、36-45頁。(https://www.jstage.jst.go.jp/article/
　mathling/31/1/31_36/_pdf/-char/ja,2021.9.13)

樋口耕一 (2021)「言葉の用いられ方 (コロケーション統計)」(https://
　khcoder.net/scr_words_kwic.html,2021.6.20)

広島ホームテレビ(2022)「円安で家族への仕送り "15%目減り" 苦境に立つ『日
　本で働く外国人』」(2022.6.26)

ファーガスン、イアン (石倉康次・市井吉興監訳) (2012)『ソーシャルワーク
　の復権——新自由主義への挑戦と社会正義の確立』クリエイツかも
　がわ。(原著 Ferguson, Iain. 2007, *Reclaiming Social Work: Challeng-
　ing Neo-liberalism and Promoting Social Justice.* SAGE Publications
　Ltd.)

福祉国家構想研究会 (2021) (https://www.shin-fukushikokka.org/site/,
　2021.10.1)

不公平な税制をただす会編 (2018)『消費税を上げずに社会保障財源38兆
　円を生む税制』大月書店。

不公正な税制をただす会 (2021) (http://japan-taxpayers.org/,2021.10.1)

藤井聡 (2019a)『MMT による令和「新」経済論——現代貨幣理論の真実』
　晶文社。

藤井聡 (2019b)「日本の財政が『絶対破綻しない』これだけの理由——
　MMT が提唱する経済政策の正当性を理解する」(https://toyokeizai.
　net/articles/-/320957,2021.8.17)

堀田聰子 (2005)「ホームヘルパーとは何か」〔堀田聰子・大木栄一・佐藤博
　樹『介護職の能力開発と雇用管理』に収録〕『東京大学社会科学研
　究所人材ビジネス研究寄付部門研究シリーズ No.7』(https://web.iss.

u-tokyo.ac.jp/jinzai/7-5.pdf,2021.9.20）

ホームヘルパー国家賠償訴訟（2020）（https://helper-saiban.net/, 2021.10.13）

松尾匡（2019）「MMTや反緊縮論が世界を動かしている背景」（https://toyokeizai.net/articles/-/281897,2021.8.11）

松田尚子（2022）「介護労働者の需給推移と人材確保政策に関する一考察」『社会福祉学』62（4）、58-71頁。

松永繁（2019）「介護福祉士養成課程を持つ専門学校における学生の学習継続の困難に関する調査」『敬心・研究ジャーナル』3（1）、35-43頁。（https://doi.org/10.24759/vetrdi.3.1_35,2022.2.1）

松本しのぶ・奥田眞紀子（2010）「介護福祉士養成教育における社会人基礎力の育成（1）——介護福祉士養成課程と社会人基礎力教育プログラムの比較検討」『奈良佐保短期大学紀要』17、11-23頁。（http://id.nii.ac.jp/1349/00000053/,2022.4.3）

松山洋（2021）「『骨太の方針2021』から見る政府が進める医療制度改革」『国民医療』352、9-17頁。

三菱UFJリサーチ&コンサルティング株式会社（2019）「外国人介護職員の雇用に関する介護事業者向けガイドブック」（https://www.mhlw.go.jp/content/12000000/000496822.pdf,2021.9.12）

宮下公美子（2020）「介護福祉士の国家試験義務化が先送りに。このままで介護人材の質は大丈夫?」『介護求人ナビ』（https://www.kai-go-kyuujin.com/oyakudachi/topics/54421/,2021.11.24）

宮尾益知（2019）「発達障害は遺伝ですか?」（https://www.kaien-lab.com/faq/1-faq-developmental-disorders/causes/,2022.4.19）

宮本太郎編（2011）『弱者99%社会——日本復興のための生活保障』幻冬舎。

村田隆史（2021）「地域間格差を是正する社会保障制度の検討」『国民医療』352、34-39頁。

メディカルサポネット（2021）「介護職員、2040年度までに69万人増が必要　厚労省『対策を強化する』」（https://medical-saponet.mynavi.jp/news/001/detail_2822/,2021.7.15）

文部科学省（2018）「卒業者の進路状況（平成30年3月卒業者）」（https://www.mext.go.jp/a_menu/shotou/tokubetu/013.htm,2022.2.15）

文部科学省新しい時代の特別支援教育の在り方に関する有識者会議」（2019）「日本の特別支援教育の状況について」（令和元年9月25日）〔資料3-1〕（https://www.mext.go.jp/kaigisiryo/2019/09/__icsFiles/afieldfile/2019/09/24/1421554_3_1.pdf,2022.2.1）

文部科学省・厚生労働省（2020）「新型コロナウイルス感染症の発生に伴う医療関係職種等の各学校、養成所及び養成施設等の対応について」（令和2年6月1日）（https://www.mext.go.jp/content/20200603-mxt_kouhou01-000004520_2.pdf,2021.9.27）

山家悠紀夫（2019）『日本経済30年史──バブルからアベノミクスまで』岩波新書。

山家悠紀夫（2021）「日本国内は360兆円の金あまり。財政の目的は社会保障の充実」『福祉のひろば』618（2021年4月号）、27-30頁。

山口倫子（2021）「高等学校福祉科教育の現状と課題」『総合科学』（27）1、41-50頁。（http://id.nii.ac.jp/1113/00003522/,2022.6.1）

湯元健治・佐藤吉宗（2010）『スウェーデン・パラドックス──高福祉、高競争力経済の真実』日本経済新聞出版社。

横山さつき・大橋明・土谷彩喜恵・田口久美子・伊藤由紀子・田村清香・田中綾（2016）「介護福祉士養成課程における教育の実態と課題──『社会人基礎力』に注目して」『中部学院大学・中部学院大学短期大学部研究紀要』17、127-137頁。（http://id.nii.ac.jp/1236/00000097/,2022.2.6）

横山壽一（2003）『社会保障の市場化・営利化』新日本出版社。

横山壽一（2009）『社会保障の再構築──市場化から共同化へ』新日本出版社。

横山壽一（2018）「行財政の改革と社会保障」『医療・福祉研究』27、47-54頁。

横山壽一（2020）「『生涯現役社会』がねらう社会保障・雇用の一体改革──『全世代型社会保障検討会議中間報告』を読む」『国民医療』346、13-21頁。

横山壽一（2021）「『骨太の方針2021』と経済社会ビジョン」『国民医療』352、2-8頁。

レイ、L.ランダル（島倉原　監修・翻訳、中野剛志・松尾匡　解説）（2019）『MMT現代貨幣理論入門』東洋経済新報社。

労働政策研究・研修機構→独立行政法人　労働政策研究・研修機構

OECD（2016a）「社会支出は多くのOECD諸国で過去最高水準で高止まりしている」（https://www.oecd.org/tokyo/newsroom/documents/OECD2016-Social-Expenditure-Update-Japanese-version.pdf,2021.8.18）

OECD（2016b）Social Expenditure Update 2016: Social spending stays at historically high levels in many countries.（https://www.oecd.org/els/soc/OECD2016-Social-Expenditure-Update.pdf,2021.8.26）

OECD（2017）「OECD経済審査報告書　日本April 2017年　概要」（https://

www.oecd.org/economy/surveys/Japan-2017-OECD-economic-survey-overview-japanese.pdf,2021.8.26)

OECD（2020）Social spending makes up 20% of OECD GDP.（https://www.oecd.org/els/soc/OECD2020-Social-Expenditure-SOCX-Update.pdf,2021.8.18)

OECD（2021）「Education at a Glance 2021　日本　カントリーノート」（https://www.oecd-ilibrary.org/docserver/12d19441-ja.pdf?expires=1646673763&id=id&accname=guest&checksum=612F5F-867220F79A88550336C8345AEF,2022.3.8)

OECD（2022）Data Price Level Indices（https://data.oecd.org/price/price-level-indices.htm,2022.7.25)

本書を執筆する上で用いた公表済論文等（拙稿）一覧

第 1 章——
　阿部敦（2022）「わが国の介護福祉士養成教員が抱く『日本人学生』に対する現
　状認識」『人間福祉学会誌』21（2）、人間福祉学会、15-22 頁。
　阿部敦（2021）「わが国の介護福祉士養成教員が抱く養成教育の現状認識——
　KWIC からみた頻出語の用いられ方」『福祉と看護の研究誌』(8)、愛知高齢者福
　祉研究会、19-26 頁。

第 2 章——
　阿部敦（2022）「介護福祉士養成教員が認識する日本人学生の『学習上の困難』（上）」
　『国民医療』（354）、公益財団法人　日本医療総合研究所、49-59 頁。
　阿部敦（2022）「介護福祉士養成教員が認識する日本人学生の『学習上の困難』（下）」
　『国民医療』（355）、公益財団法人　日本医療総合研究所、60-72 頁。

第 3 章——
　阿部敦（2022）「介護福祉士を目指す外国人留学生の現状と外国人介護福祉従事
　者への評価——労働環境の変容を視野に入れて」『日本社会福祉マネジメント学会
　誌』（2）、日本社会福祉マネジメント学会、39-50 頁。

第 4 章——
　阿部敦（2022）「介護福祉士の倫理綱領・倫理基準（行動規範）改定の必要性——
　ソーシャルワーカーの倫理綱領・行動規範との比較検証」『九州社会福祉学』（18）、
　日本社会福祉学会九州部会、115-128 頁。

第 5 章——
　阿部敦（2021）『変革期における介護福祉士養成教育の現状——コロナ禍と留学
　生の存在を視野に入れて』東京学芸大学出版会。
　阿部敦（2020）「わが国の社会保障をとりまく識者らの見解——改善策の相違が
　生み出す対立構造」『九州ジャーナル　オブ　ソーシャルワーク』(3)、九州ソーシャ
　ルワーク学会、1-17 頁。

第 6 章——
　書き下ろし。

著者紹介

阿部 敦（あべ・あつし）

九州看護福祉大学 教授

金沢大学大学院 社会環境科学研究科 博士後期課程 修了

　博士（社会環境科学）（金沢大学）

　学士（人間科学）（早稲田大学）

後年、論文博士制度による学位取得

　博士（社会福祉学）（佛教大学）

主要著書：『変革期における介護福祉士養成教育の現状』、『日本の若者たちは社会保障をどう見ているのか』、『「新しい社会保障教育」政策と地域共生社会』、『増補版 社会保障抑制下の国家・市民社会形成——社会保障・社会福祉教育の展開と市民社会の弱体化』等

今、日本の介護を考える
　　——介護福祉士の養成と社会保障財源の視点から

2023 年 3 月 10 日　初版第 1 刷　発行

著　　者　阿部 敦
発 行 者　藤井健志
発 行 所　東京学芸大学出版会
　　　　　〒 184-8501　東京都小金井市貫井北町 4-1-1　東京学芸大学構内
　　　　　TEL 042-329-7797　FAX 042-329-7798
　　　　　E-mail upress@u-gakugei.ac.jp
　　　　　http://www.u-gakugei.ac.jp/-upress/

装　　丁　田中渉 +Panda Blue
印刷・製本　小野高速印刷株式会社